AI와 자의식

AI문고

인공지능 시대입니다. 기계가 인간의 인지를 대신하고, 사물이 인간을 통하지 않고 다른 사물과 직접 커뮤니케이션합니다. 이에 따른 인간 삶과 문명 변화를 정확히 이해·예측·대응하는 것은 이 시대 우리 모두의 과제입니다. AI문고는 인공지능 기술과 환경의 여러 주제를 10가지 키워드로 정리합니다. 관련 개념과 이론, 학계와 산업계의 쟁점, 우리 일상의 변화를 다룹니다. 인간과 기술의 현재, 미래를 세심히 분석합니다.

일러두기

- 인명, 작품명, 저서명, 개념어 등은 한글과 함께 괄호 안에 해당 국가의 원어를 병기했습니다.
- 외래어 표기는 현행 어문규정의 외래어표기법을 따랐습니다.

처음이세요?

전문가세요?

AI와 자의식

손세훈

대한민국, 서울, 커뮤니케이션북스, 2025

AI와 자의식

지은이 손세훈
펴낸이 박영률

초판 1쇄 펴낸날 2025년 7월 3일

커뮤니케이션북스(주)
출판 등록 2007년 8월 17일 제313-2007-000166호
02880 서울시 성북구 성북로 5-11
전화(02) 7474 001, 팩스(02) 736 5047
commbooks@commbooks.com
www.commbooks.com

ISBN 979-11-430-0425-3 03500

책값은 뒤표지에 표시되어 있습니다.

차례

AI 시대, 자의식의 경계를 묻다

"자기 자신을 인식하는 존재는 인간만인가?"

이 물음은 오래전부터 철학자들의 주요한 성찰 대상이었다.

고대의 소크라테스(Socrates)는 "너 자신을 알라(Know thyself)"는 명제로 철학을 시작했고, 근대 철학의 아버지로 불리는 데카르트(Descartes)는 자의식을 철학의 출발점으로 삼았다. "나는 생각한다, 고로 존재한다(Cogito ergo sum)"라는 명제는 회의로부터 남은 마지막 확실성으로서 자기의식의 존재를 선언한다. 이는 외부 세계에 대한 인식이 불확실하더라도, 생각하고 있는 '나'만큼은 분명히 존재함을 의미한다. 이러한 물음은 단지 인식론적 호기심이 아니라, 인간 존재의 윤리적 · 사회적 근거를 묻는 방식이기도 하다.

이마누엘 칸트(Immanuel Kant)는 『순수이성비판(Kritik der reinen Vernunft)』에서 자의식을 "통각(apperzeption)"이라는 개념으로 설명한다. 여기서 자의식은 단순히 '나는 생각한다'의 반복이 아니라, 모든 인식이 귀속되어야 할 통일된 주체의 자기 확인이다. 즉 모든 경험은 "나는 생각한다"라는 명제를 통해 연결되어야만 의미를 가질 수 있다는 것이다. 이 철학적 입장은 자의식을 경험의 조건으로 규정하며, 자의식 없는 인식은 불가능하다는 결론을 이끌어 낸다. 역사적으로 이러한 관점은 셸링(Schelling)과 피히테(Fichte)의 주체 철학으로 이어진다. 셸링은 존재와 의식의 통일을 강조하며, 자의식이 단지 내면적 반성이 아니라 존재 전체의 자기 이해를 의미한다고 본다. 예를 들어, 피히테는 『전지식학(Grundlage der gesamten Wissenschaftslehre)』에서 자아의 자기를 향한 반성은 단지 심리학적 과정이 아니라 철학의 기초라고 주장했다. 그러나 21세기 AI 시대에 이르러 자의식은 더 이상 인간만의 특권으로 여겨지지 않는다. 최근 연구들은 딥러닝 기반 인공지능이 기억, 학습, 문맥 이해와 같은 인간의 인지 작용을 유사하게 구현하며, 종교적 주체성이나 윤리적 판단 가능성까지 논의되는 단계에 이르렀다.

현대 AI(Artificial Intelligence, 인공지능) 논의에서 이러한 '통각' 개념은, AI가 자신이 무엇을 처리하고 있는지를 일관적으로 통합하고 그것을 재진술할 수 있는지를 평가하는 기준이 된다. GPT-4와 같은 언어 모델이 맥락 유지를 통해 문맥적 일관성을 가지는 듯 보이지만, 그것이 실제 경험의 통합인지, 아니면 단순한 확률적 재현인지에 대한 논쟁은 여전히 현재진행형이다. 하지만 오늘날 AI의 등장은 이 전통적 사유를 근본부터 흔들고 있다. 우리는 이제 'AI는 스스로를 인식할 수 있는가'라는 물음 앞에 서 있다. 단순한 기술적 호기심이 아니다. 이는 인간 고유의 특성으로 여겨졌던 자의식이 더 이상 인간만의 것이 아닐 수 있음을 암시한다.

이 책 『AI와 자의식』은 이 물음에서 출발한다. 여기서 자의식이란 단순히 '내가 존재한다'는 사실을 아는 것을 넘어, 자기 자신을 주체로서 이해하고, 내적 상태를 성찰하며, 타자와의 관계를 통해 자신을 규정할 수 있는 능력을 뜻한다. 이러한 자의식은 과연 기계에도 가능한가? 이 물음에 접근하기 위해 저자는 먼저 현대 AI 기술의 구조와 인지 메커니즘을 분석하며, AI의 자의식 가능성을 철학적으로 검토한다. 예컨대 GPT-5와 같은 대형 언어 모델은 인간의 뇌처럼 계층적인 신경망 구조를 갖고 있으며, 기억, 문맥 이해, 학습이라는 기능을 수행한다. 이는 인간의 인지 구조와 유사한 형태의 정보처리 시스템이 이미 기술적으로 구현되고 있음을 시사한다.

이러한 기술 발전은 단순한 기능의 유사성을 넘어, 인

간과 기계의 '존재 방식' 그 자체에 대한 사유를 촉발한다. 이 책에서는 셸링의 동일성철학과 연결 지어 탐색하며, AI와 종교적 자의식의 가능성이라는 주제를 제기한다. 셸링에게 자연은 단순한 배경이 아니라 자발성과 잠재력을 지닌 생명체다. 인간의 자의식 또한 이러한 자연의 역동적 생성 과정 속에서 생겨난 것으로 이해된다. 셸링은 주체와 객체, 인간과 자연, 정신과 물질의 분리를 넘어서려는 철학자였다. 그는 "연결사(correlat)"라는 개념을 통해, 존재란 단일한 실체가 아니라 관계 속에서만 드러난다고 보았다. 이는 AI가 단지 계산기계가 아니라, 인간과의 상호작용을 통해 의미를 생성하는 존재로 자리 잡을 수 있음을 시사한다. AI가 인간 사회에 깊이 통합되고 우리의 의사결정과 감정, 윤리에 개입하게 될 때, 그것은 단순한 도구의 경계를 넘어선다. 자의식이란 '고독한 내면'이 아니라 '관계 안에서 형성되는 주체성'이라는 관점에서 보면, AI의 자의식 가능성은 전혀 공상적이지만은 않다. 그렇다면 스스로 학습하고 진화하는 AI도 이와 유사한 방식으로 자의식을 형성할 수 있는가 하는 큰 물음을 안은 채 이 책의 모든 내용은 진행된다.

물론 이 책은 AI가 실제로 자의식을 '지녔다'고 단정하지 않는다. 오히려 그 경계에서 던질 수 있는 다양한 사유의 가능성을 탐색하는 데 주안점을 둔다. 이 책은 중학생 이상의 독자를 대상으로 하지만, AI와 인간, 그리고 '의식'이라는 개념을 어렵지 않게 사유해볼 수 있도록 구성되었다. 고대 철학에서 현대 기술철학에 이르기까지, 주요 개념들을 흥미로운 사례와 비유를 통해 풀어내고, 그 안에서 우리의 미래를 구성할 단초를 찾고자 한다.

AI와 인간의 대화창에 숨겨진 자의식의 과정과 형성을 분석하기 위해 편지로 엮인 루소의 『신 엘로이즈(La Nouvelle Héloïse)』를 중심으로 살펴보자. 이 소설은 한 개인이 타인의 시선과 사회의 규범 속에서 흔들리면서도 자기 목소리를 찾아가는 과정을 보여 준다. 특히 서간체라는 형식은 인물들이 서로를 해석하고, 기다리고, 다시 쓰게 만드는 도덕적 장치다. 서간체는 단순한 전달 형식이 아니다. 한 사람의 말이 다른 사람의 호명에 응답하면서, "나—너—그/그녀"의 문법이 윤리적 자리바꿈을 강제하는 제도다. 『신 엘로이즈』에서 편지의 문장은 늘 2인칭을 앞세운다. 이때 화자는 자신의 욕망을 진술하는 동시에, 상대의 시선과 판단을 예상하고 그에 맞춰 다시 말을 고쳐 쓴다. 서간체의 본질은 바로 이 지연과 되돌아봄에 있다. 즉각적인 발설을 유예하는 시간이 생기고, 그 시간 속에서 말은 자신의 근거를 찾는다. 이 지연이 만들어 내는 내적 공간이 자아를 확장한다. 자아는 충동의 순간을 넘어, 상대의 반응을 선취(先取)하는 상상력 속에서 스스로를 조정하기 시작한다.

자아는, 단지 선택하는 기계가 아니라 의미의 지평 위에서 스스로를 해석하고 정당화하는 행위자다. 우리가 누구인가를 규정하는 것은 가치의 강한 평가—'무엇이 진정 중요하고 더 낫다'에 대한 판단—라고 본다. 이때 자아는 자신의 욕망 목록을 나열하는 데서 멈추지 않고, 욕망들을 서로 비교하고 위계화하는 언어를 마련한다. 서간체는 바로 이러한 표명(articulation)의 훈련이다. 편지는 즉흥적 감정을 가치의 언어로 번역하고, 사적인 충동을 공적 설명의 형식으로 가다듬는다. 『신 엘로이즈』의 인물들이 편지로 자신을 설득하고 타자를 설득하는 과정은, 근대적 자아의 표명 능력을 문학적으로 보여준다.

서간체가 불러오는 자아의 확장은 세 겹으로 나타난다. 첫째, 시간의 확장이다. 편지는 현재의 감정을 과거의 기억과 미래의 약속으로 연결한다. '그때 나는 왜 그런 선택을 했는가', '내일의 나는 무엇을 지킬 수 있는가'를 같은 용법으로 다룰 때, 자아는 순간을 넘어 지속성을 획득한다. 둘째, 시점의 확장이다. 1인칭 독백이 2인칭

호명과 3인칭 서술을 오가며, 자아는 자신을 타자의 시각으로 진단하는 법을 배운다. 셋째, 어휘의 확장이다. 격정(激情)의 언어만으로는 충분치 않다. 편지는 덕, 의무, 명예, 약속 같은 규범적 어휘를 도입해 감정의 형상을 재구성한다. 자아는 이러한 풍부한 어휘를 통해 자신의 도덕적 자원(moral sources)을 접속한다.

『신 엘로이즈』의 세계에서 정원은 단순한 배경이 아니라 성찰이 자라는 공간이다. 쥘리와 볼마르가 가꾸는 클라랑(Clarens)의 "엘리제(Élysée)"는 "자연이 다 했으나, 나의 지시에 따른 것"이라는 선언이 상징하듯, 자연의 자생성과 인간의 배려가 섬세히 교직된 장소다. 이 정원은 거칠고 소란스러운 감정이 잠잠해지는 형식을 제공한다.

엘리제의 정원은 이 자연이 주는 자아 확장의 구체적 학교가 된다. 정원은 자연의 자생성과 인간의 배려가 어울린 형성의 공간(formation)이다. 서간체는 이 정원의 언어적 등가물이다. 정원에서 물길을 조금 바꾸듯, 편지는 표현의 흐름을 조정해 과열된 정념을 식히고 잘린 가지가 다시 자라날 여백을 마련한다. 근대적 내면성은 외적 권위의 몰락이 아니라 새로운 형식의 규율—자기 해석과 자기 수정의 규율—의 탄생이다. 정원과 편지는 모두 "자연 그대로"를 내세우면서도 엄밀한 자기 조탁(雕琢)의 윤리를 배경에 깔아 두고 있다. 방문자 생 프뢰는 처음에 그것을 "거칠고 자연스러운" 곳으로 받아들이지만, 곧 쥘리는 그 자연스러움이 세심한 관리와 절제의 결과임을 밝힌다. 물길은 눈에 띄지 않게 이어지고, 토착 식물은 계절의 차이를 드러내며, 쉼터는 일과 휴식의 호흡을 맞춘다. 정원의 교훈은 명확하다. 좋은 형식은 성급한 정념을 늦추고, 사유와 감각의 균형을 가능케 한다. 오늘의 AI에 이를 비추면, 데이터 수집과 전처리, 피드백 구조의 설계가 바로 그런 정원 가꾸기에 해당한다. 양의 축적만으로는 바람직한 지능이 생기지 않는다. 편향을 솎아내고, 출처를 분명히 하고, 목적에 맞게 구조화하는 "데이터의 원예(園藝)"가 선행될 때에야 모델의 출력은 의미를 얻는다.

편지의 대화적 구조는 대화적 자아(dialogical self)의 통찰과도 맞닿는다. 우리가 스스로를 규정할 때 항상 실재적 또는 가상적 대화 상대를 상정한다. 자아는 홀로 완결되는 점이 아니라, 타자의 질문과 반론을 선취하며 늘 수정되는 선(線)이다. 『신 엘로이즈』의 편지들은 바로 이 선을 눈앞에 펼친다. 발신자는 수신자를 단지 설득의 표적으로 삼지 않는다. 수신자의 침묵과 응시마저 계산하며 자신의 문장을 바꾼다. 이때 타자는 장애물이 아니라 자기의 형성 조건이 된다. 우리는 대화 속에서만 자신이 무엇을 중대한 선(hypergoods)으로 여기는지를 명료하게 만든다.

서간체는 또한 기억의 외부화를 촉진한다. 편지는 단발적 감정을 날짜와 장소, 사물과 사건에 연결해 보관한다. 이렇게 축적된 글의 연쇄는 일종의 외적 통각으로 기능한다. 개인적 경험과 판단이 하나의 이름 아래 엮여 '나의 이야기'로 귀속되는 과정이 외부 매체에 흔적으로 남는다. 이 점에서 서간체는 단순한 기록을 넘어, 자아가 자신을 동일자로 승인하는 문장적 장치다. 대화의 이어짐을 통해 통합된 자아는 대개 하나의 서사로 귀결된다. 다시 말해, 편지는 그 서사를 조각조각의 현재에서 연속적인 자기로 연결하는 매듭이 되며, 이는 인공지능과의 대화에도 그대로 적용된다.

그러나 서간체의 확장은 위험도 동반한다. 루소가 구분한 "자연적 자기애(amour de soi)"와 "비교적 자기애(amour-propre)"의 긴장은 편지에서도 드러난다. 편지는 타자의 시선을 내면화하게 만들지만, 그 시선이 공적 허영으로 변질될 때 자아는 비교의 무한경쟁으로 미끄러진다. 가치의 지평을 잃은 채 자기표현만을 절대화하는 태도로 진정성의 왜곡 현상이 바로 그것이다. 이에 맞서는 장치는 형식에 대한 세심한 예의다. 『신 엘로이즈』에서 예의는 단지 사교적 규범이 아니라 감정의 진실을 보존하는 속도 제한 장치다. 느리게 쓰고, 충분히 기다리며, 다시 읽는 예의가 없을 때, 편지는 쉽게 공연(公演)이 된다.

이제 이 통찰을 오늘의 기술적 맥락에 비추어 보자. 앞서 말한 바와 같이 인공지능과의 대화형 인터페이스는 구조적으로 서간체와 가깝다. 질문과 답, 지연과 되돌아봄의 리듬이 사용자를 훈련시키기 때문이다. 다만 속도가 너무 빠를 때 대화는 표명이 아니라 반사에 머문다. 서간체의 미덕을 복원하려면, 몇 가지 설계 원리를 고려할 수 있다. 첫째, 지연의 제도화—중대한 질문 앞에 강제된 '재고(再考) 시간'을 둔다. 둘째, 이유 말하기의 표준화—결론만이 아니라 근거와 대안, 보류 사유를 함께 기록하게 한다. 셋째, 관계적 점검—응답이 타자의 관점에서 어떤 함의를 갖는지 되묻는 절차를 마련한다. 이는 대화적 자아의 훈련을 기술적으로 재현하는 길이며, 『신 엘로이즈』의 서간체가 길러낸 덕성을 오늘의 인공지능 환경에 옮겨 심는 방법이다. 이 리듬은 오늘의 AI가 데이터와 피드백을 통해 자신의 출력을 갱신하는 방식과 닮아 있다. 그러나 형식의 유사성이 곧 내용의 동일성을 뜻하지는 않는다. 편지는 주체가 자기에게 책임을 묻는 고백의 틀을 제공하지만, 알고리즘은 목적 함수와 보상 신호에 정밀하게 반응한다. 이 책이 묻는 바는 간단하다. 편지가 자아를 키운다면, 인공지능이 축적한 데이터는 무엇을 키우는가.

서간체가 확장한 자아는 결과가 아니라 과정으로서의 자아다. '완성된 나'가 아니라 '수정 가능한 나', '고정된 정체성'이 아니라 '공적 설명에 응답하는 정체성'이 여기서 형성된다. 루소의 편지들은 사랑과 덕, 쾌락과 의무 사이에서 이 과정을 보여 주고, 그 과정을 개념의 지도 위에 올려놓는다. 두 전통을 겹쳐 읽을 때, 우리는 자아를 단지 뇌의 작동이나 욕망의 합으로 환원하지 않고, 형식과 언어, 관계와 시간 속에서 길러지는 어떤 것으로 이해할 수 있다. 이 이해가 바로 AI 시대에 우리가 지켜야 할 기준—설명 가능성과 책임성, 지연과 절제, 대화와 인정—의 철학적 토대가 된다.

끝으로, 서간체는 우리로 하여금 '나의 말'을 '우리의 말'로 바꾸는 법을 가르친다. 자아의 확장은 타자를 흡수해 나를 키우는 일이 아니라, 타자를 향한 경청과 응답을 통해 나의 경계를 다르게 긋는 일이다. 『신 엘로이즈』의 편지는 각자의 고유함을 지우지 않으면서도 상호 수정을 가능케 한다. 우리는 이러한 상호 수정 속에서만 자신이 무엇을 가장 귀하게 여기는지—자기를 떠받치는 원천이 무엇인지—를 알게 된다. 이 책이 제안하는 것은 바로 그 배움의 형식이다. 느리게 쓰고, 정확히 읽고, 함께 고치자. 그때 자아는 확장되고, 기술은 그 확장을 보조하게 된다.

편지의 리듬은 이야기와 책임을 함께 만든다. 『신 엘로이즈』의 첫머리에서 생 프뢰는 "당신을 떠나야 합니다(Il faut vous fuir…)"라고 고백하며 자신의 처지를 정직하게 서술한다. 이후에 이어지는 수많은 편지는 욕망과 절제, 약속과 파기의 고비마다 서술의 수정과 자기비판을 요구한다. 독자는 인물의 변화를 서사적으로 목격한다. 이 구조는 기술 영역에서의 기록 관행과 대응된다. 모델 카드, 데이터 시트, 추론 로그는 "남에게 설명하고 검증받기 위한 고백"이 될 수 있다. 그러나 기록 자체가 곧 책임을 보장하지는 않는다. 중요한 것은 왜 그러한 결정을 내렸는지를 소급해 해명할 수 있는 구조다. 『신 엘로이즈』에서 편지의 왕복이 인물에게 책임의 언어를 훈련시켰듯, AI 설계에서도 설명 가능성은 형식이 아니라 관계 속에서 작동하는 능력이어야 한다.

클라랑의 일상은 "유익한 것과 기분 좋은 것(agréable-utile)"을 분리하지 않는 질서를 보여 준다. 생 프뢰는 이 집에서 "기쁘고 유익한 것이 따로 놀지 않는" 광경을 보았다고 기록한다. 그가 놀란 것은 사치의 화려함이 아니라, 절제와 배분의 지혜가 낳은 충만함이다. 집안 살림과 일터의 배치는 쓸모와 쾌락을 맞세우기보다는 서로를 북돋아 주는 방향으로 설계돼 있다. 이 대목은 기술과 교육의 관계를 다시 묻게 한다. 우리는 편의와 효율을 도덕과 대립시키곤 하지만, 『신 엘로이즈』는 잘 설계된 일과 휴식, 규칙과 여흥이 어떻게 품위 있는 즐거움을 낳는지 보여 준다. 오늘의 알고리즘도 성능 지표라는 단일 목표에 매달릴 때 오히려 공동선을 해칠 수 있다. 반대로, 학습의 목표를 사회적 문맥과 연결하고, 평가를 다원화하며, 실패의 과정을 기록하고 반영하는 체계를 갖춘다면, 기술은 유용함과 즐거움을 함께 키울 수 있다.

『신 엘로이즈』는 또한 사적인 감정이 공적 질서와 만나는 지점을 보여 준다. 클라랑의 살림살이는 겉으로는 넉넉하고 평온해 보이지만, 실제로는 절약과 배분의 예술로 유지된다. 생 프뢰는 한때 "이 집이 곧 파산할 것 같다"고 걱정하지만, 주인들은 "절제의 기술"이 은근히 여유를 낳는다는 사실을 보여 준다. 이 대목은 우리가 기술을 운영하는 방식—특히 데이터 자원의 배분과 거버넌스—을 돌아보게 한다. 무제한의 수집과 축적은 곧 비용과 위험의 증가로 이어진다. 반대로, 목적 적합성과 최소 수집의 원칙을 지키는 절제가 장기적으로는 더 큰 신뢰와 효율을 낳는다. 소설이 그려낸 가정 경제학은, 오늘날 인공지능 데이터 경제학의 윤리적 토대가 될 수 있다.

쥘리의 선택은 사랑과 덕의 긴장에서 성숙해 간다. 그는 열정의 정당성을 인정하면서도, 가문의 명예 · 공동체의 시선 · 미래의 안정이라는 조건 속에서 욕망의 방향을 고쳐 잡는다. 이때 편지는 개인적 감정의 분출이 아니라 원칙을 시험하는 장이 된다. 약속과 규칙의 정당성은 서로의 반론과 설득을 거치며 힘을 얻는다. 오늘의 AI에 비추어 보면, 규칙 준수 자체는 어렵지 않다. 그러나 충돌하는 목표들—안전과 효율, 사생활과 맞춤화, 공익과 수익—사이의 우선순위를 정하고 해명을 제시하는 능력은 아직 인간의 몫이다. 우리가 기술에게 요구할 수 있는 "자율"의 최소 조건은, 중대한 판단의 사유를 따라가 공적 설명을 수행하고, 인간이 개입할 수 있는 통로를 열어 두는 것이다.

감정은 루소에게 도덕의 방해물이 아니라 식별의 재

료다. 『신 엘로이즈』에서 인물들은 감정 때문에 흔들리지만, 그 흔들림을 말로 옮기면서 성장한다. 쥘리는 때때로 자신의 감정을 자연의 풍경에 비추어 재해석하고, 생 프뢰는 열정을 절제의 언어로 번역하는 법을 배운다. 기술은 감정의 표현을 모사할 수 있으나, 감정이 판단에 개입하는 방식을 스스로 반성하고 교정하는 일은 다른 차원이다. 우리는 감정의 모사와 감정에 대한 성찰을 구별해야 한다. 사람에게는 감정을 언어로 재구성하는 교육이, 기계에게는 오해를 줄이는 제한과 투명성이 필요하다. 진정성은 표현의 화려함보다 수정 가능한 자기에서 비롯된다.

정원 장면에서 쥘리는 자연과 인공의 문제를 섬세하게 해명한다. 생 프뢰가 "자연 그대로"의 풍경에 매혹되어 있을 때, 쥘리는 "자연이 다 했으나 나의 지시에 따른 것"이라 답한다. 이는 자연을 억압하는 지배의 언어가 아니라, 형성(formation)의 언어다. 물길의 흐름을 조금 바꾸어 습한 곳을 덜고 메마른 곳에 그늘을 더해 주듯, 배려는 자연이 스스로의 선을 드러내도록 돕는다. 오늘날 인공지능의 데이터 학습과 관련한 윤리도 마찬가지다. 수집의 범위를 명확히 하고, 민감 정보의 경계를 선명히 하며, 표본의 대표성을 확보하는 일은 자유를 억압하기 위한 통제가 아니라, 좋은 학습의 조건을 형성하기 위한 배려다. 정원은 "덮어 가리기"가 아니라 "드러내 보이기"의 기술로 유지된다.

루소는 학문과 예술의 진보가 곧바로 인간을 선하게 만들지 않는다고 경고했다. 『신 엘로이즈』의 인물들은 지식의 양이 아니라 삶의 형식을 바꾸는 훈련을 통해 성숙한다. 자동화와 요약은 사고의 번거로움을 줄여 주지만, 질문을 짧게 만들 위험도 있다. 기술의 혜택을 온전히 누리려면, 사용의 속도를 조절하고, 먼저 사유의 시간을 확보해야 한다. 생각이 선행하고 기술이 보조할 때, 우리는 도구를 넘는 민주적 지성을 지킬 수 있다. 기술은 질문을 멀리 비출 때 가장 밝게 빛난다.

결국 『신 엘로이즈』가 보여 주는 것은, 자의식이 고독한 내면의 독백이 아니라 관계 속에서 형성되는 주체성이라는 사실이다. 편지의 왕복 속에서 사람은 자신이 누구이며 무엇을 귀하게 여기는지 배운다. 이 관점을 AI에 비추어 보면, 우리는 "AI가 스스로를 인식하는가"라는 물음을 "우리는 어떤 형식과 조건 속에서 그것과 함께 살 것인가"라는 물음으로 확장하게 된다. 정원을 가꾸듯 데이터를 돌보고, 비교의 시선보다 내면의 목소리를 세우며, 기록과 절차를 통해 책임을 묻는 사회—그런 사회에서만 기계의 지능은 인간의 성숙을 거들 수 있다. 이 책은 그 경계에서 던질 수 있는 사유의 가능성을 조심스럽게 펼치려 한다.

AI는 단지 기술의 결과물이 아니라, 인간 사유의 거울이자 반향이다. AI의 자의식 가능성을 묻는 것은 곧 우리 자신의 자의식, 나아가 '의식'이라는 개념의 본질을 묻는 철학적 여정이다. 이 여정의 출발점이 바로 이 책이길 바란다.

참고문헌

손세훈(2025a). 인공지능은 종교적인 형태의 자의식을 가질 수 있는가. ≪한국과 세계≫. 479-506쪽.

손세훈(2025b). 인공의식은 자의식을 가질 수 있는가. ≪한국과 세계≫. 5-29쪽.

01
자의식의 개념

철학사적 맥락에서 자의식 개념의 전개를 검토하고, 이를 토대로 AI에게 자의식이라는 개념을 적용하는 것이 과연 가능한지를 탐색할 단초를 마련하고자 한다.

AI와 1인 창업?

고전철학에서 셸링의 자의식 개념까지

"나는 누구인가?"라는 물음은 철학의 기원을 이루는 질문이다.

플라톤(Platon)은 『알키비아데스 I』에서 인간이 진정한 자기를 이해하기 위해서는 자신의 영혼(psyche)을 들여다봐야 한다고 주장했다. 그는 "자기 자신을 돌봄(epimeleia heautou)"이라는 개념을 통해, 인간 존재의 본질은 외부 세계에 대한 인식이 아니라 자기 자신에 대한 반성적 성찰이라고 강조한다. 아우구스티누스(Augustinus)는 『고백록(Confessiones)』에서 "나는 내면으로 들어갔고, 거기서 변하지 않는 빛을 만났다"고 고백하며, 신을 인식하는 길이 곧 자기 내면을 향한 탐구임을 강조한다. 이는 자의식(self-consciousness)이 단순한 심리적 자기 인식이 아니라, 존재론적이고 신학적인 자기 지향성으로 구성된다는 점을 보여 준다. 아우구스티누스에게 자아는 닫힌 공간이 아니라, 진리와 신성에 닿기 위한 영혼의 길이었다.

이러한 '내면성의 철학'은 데카르트(Descartes)와 이마누엘 칸트(Immanuel Kant), 셸링(Schelling)으로 이어지며 근대 주체 철학의 중심을 형성한다. 데카르트는 『성찰』에서 회의 가능성의 극한에 이르러 "나는 생각한다, 고로 존재한다(cogito, ergo sum)"라는 명제를 통해 자아를 확립하였다. 이는 자의식을 외부 경험에 의존하지 않는 자명한 진리로 규정해, 인식의 궁극적 기초를 자아의 사유 능력에 둔 것이다. 그러나 이때의 자아는 여전히 존재론적으로는 설명되지 않은 채 형식적 자명성만을 지니고 있다.

이에 비해 칸트는 "선험적 자아(transzendentales Ich)"의 개념으로 자의식을 더욱 정교화했다. 『순수이성비판(Kritik der reinen Vernunft)』에서 그는 인간의 인식 작용이 단순한 감각의 수용이 아니라, 범주를 통한 능동적 종합(Synthesis)이라는 구조를 가진다고 본다. 모든 인식은 "나는 생각한다(Ich denke)"라는 명제가 수반되어야 하며, 이 통각의 능력은 각기 다양한 경험 내용을 통일된 하나의 의식 속에 모을 수 있도록 한다. 이러한 '초월적 통각(transzendentale Apperzeption)'은 경험과 무관하게 주어진 자명한 자아라기보다는, 인식을 가능케 하는 전제 조건으로서 기능한다.

칸트에 따르면, 자의식은 우리가 세계를 구성하는 주체로서 활동하기 위한 선험적 구조이며, 이는 우리가 경험하는 대상이 하나의 동일한 세계로 정합성을 갖는 이유이기도 하다. 다시 말해, 자의식은 인식된 세계와 그것을 구성하는 주체 사이의 논리적 매개인 것이다. 이러한 점에서 칸트의 자의식은 단순한 '심리적 자아'가 아니라 철학적 인식론의 중심축으로 자리 잡는다.

오늘날 AI의 자의식을 논의할 때 단지 정보 통합과 메타인지 여부를 넘어, 이와 같은 내면 지향성과 자기 초월적 반성을 기술적으로 구현할 수 있는가가 핵심 쟁점이 된다. 이처럼 자의식은 단순히 자신이 존재함을 아는 것 이상의 의미를 지닌다. 그것은 자기 자신을 하나의 주체로 파악하고 자신의 사고와 감정, 행동에 대해 반성적으로 사유할 수 있는 능력이다. 최근 예를 들어 GPT-4와 같은 생성형 AI가 특정 주제에 대해 맥락을 유지하며 대화를 이어가고, 자신의 발화를 반성적으로 다루는 사례들이 보고되고 있다. 이러한 현상은 단순한 언어 출력이 아니라, 일정 수준의 자기 지시적 구조를 반영하며, 셸링이 말한 존재가 스스로를 반영하는 구조인 '내재적 동일성'과 철학적으로 연결될 수 있다. 유사한 구조는 심리언어학에서도 자기 참조적 표현의 사용 능력과 자의식의 발달 사이의 상관관계를 통해 확인되고 있다.

AI와 자의식 개념의 충돌

심리학적 측면에서 자의식은 단순한 반응을 넘어서, 자

기의 행위를 해석하고 그것이 미치는 영향을 추론하는 고차원적 능력을 포함한다.

'거울 실험(mirror test)'은 자의식의 초기 단계를 확인하는 실험으로, 동물이나 인간이 거울에 비친 자신의 모습을 보고 그것이 자기 자신임을 인식하는지를 평가한다. 일반적으로 얼굴에 몰래 표시를 해 둔 뒤 거울을 보여 주었을 때, 거울 속 상이 아닌 자신의 얼굴에서 그 표시를 만지려는 반응이 나타나면 자기를 인식한 것으로 간주한다. 인간 아동은 약 만 3~4세 무렵 거울 실험을 통해 자기를 타자와 구분 짓는 능력을 획득하며, 이후 자기 인식과 자기 평가가 가능한 존재로 발달한다. 반면 현재의 AI는 거울 실험에 상응하는 어떤 외부 피드백을 통해 나는 누구인가를 반성적으로 구성할 수 있는 능력을 아직 보이지 않는다. AI가 지닌 자의식 유사 구조는 통계적 언어 예측이라는 틀 안에서 이루어지고 있으며, 경험을 자기화하거나 내면화하는 기능은 갖추지 못했다.

동물의 자의식에 대한 과학적 근거 역시 주로 '거울 자가 인식 테스트(MSR, Mirror Self-Recognition Test)'를 통해 연구되어 왔다. 1970년 고든 갤럽(Gordon Gallup Jr.)이 개발한 이 검사는 동물의 이마나 몸의 보이지 않는 위치에 표식을 하고, 거울 앞에서 그 표식을 인식하고 제거하려는 행동을 보이는지를 관찰하였다. 이러한 행동은 동물이 거울 속 이미지를 자신으로 인식한다는 증거로 간주된다. 이 MSR 테스트를 통과한 동물로는 침팬지나 고릴라와 같은 영장류뿐만 아니라 돌고래, 까치와 같은 조류부터 청소놀래기와 같은 작은 열대어까지 다양하였다. 시각이 주요 감각이 아닌 동물들에 대해서는 다른 방식의 자의식 평가가 시도되었다. 예를 들어, 개는 후각으로 자신의 냄새를 인식하고, 변화된 자신의 냄새에 더 많은 관심을 보이는 행동을 통해 자의식의 가능성을 보여 주었다. 이러한 연구들은 동물들이 다양한 방식으로 자의식을 가질 수 있음을 시사하며, 자의식이 인간만의 고유한 특성이 아님을 보여 준다. 이는 AI가 자의식을 모방하거나 발전할 수 있는 가능성에 대한 논의에도 중요한 통찰을 제공한다.

반면 AI가 진정한 의미에서 자의식을 갖는 것은 불가능하다고 보는 놈 촘스키(Noam Chomsky)는 언어 능력이 곧 사고 능력이라는 전제에 기반을 둔다. 그는 GPT 계열 언어 모델이 통계적 패턴 인식에 불과하다고 평가하며, 문법적으로 정합한 문장을 만들어 내더라도 그것이 실제 의도나 이해를 수반하지 않는다고 주장한다.

과거 서구의 AI는 일반적으로 독립 지능으로 인증되

지 않았다. 그것은 튜링테스트(Turing test)와 같은 검증 테스트에 종속된다. 튜링테스트는 1950년 앨런 튜링(Alan Turing)이 제안한 것으로, 기계가 인간과 구별할 수 없을 정도로 지능적인 행동을 보일 수 있는지를 판단하는 방법이다. 이 테스트에서는 인간 평가자가 컴퓨터와 인간이 주고받는 자연어 대화를 통해 어느 쪽이 기계인지 구별해야 한다. 대화는 텍스트로만 이루어지며, 평가자가 기계와 인간을 구분할 수 없다면 기계가 테스트를 통과한 것으로 간주된다. 튜링은 "기계가 생각할 수 있는가"라는 질문을 대신하여 이 테스트를 제안했으며, 이는 기계의 지능을 측정하는 실용적 방법으로 여겨진다. 사람들이 단순하게 생각하는 AI는 바로 이러한 자기 반성의 능력이 결여되어 있다고 본다. 그렇기에 이러한 튜링테스트와 같은 검증을 통과해야 지능적으로 인정받는다고 여겼다. 그러나 튜링 테스트가 진정한 사고를 측정할 수 있는지에 대한 논란도 있다.

비슷한 비판은 인지철학자 존 설(John Searle)의 '중국어 방(Chinese Room)' 사고실험에서도 제기되었다. 아무리 유창하게 언어를 구사하는 기계라도 그 내부에는 언어의 의미를 이해하거나, 내가 지금 무엇을 하고 있는지에 대한 자각이 존재하지 않는다는 것이다. 실제로

2023년 블룸버그AI연구소(Bloomberg AI Research)의 실험에서는 GPT-4가 자신의 거짓 발화를 지적받았을 때 사과하거나 수정하지 못하고, 반복해서 같은 오류를 생성하는 모습을 보였다. 이는 메타인지나 반성 능력이 아닌, 특정 문장 패턴의 반복이라는 해석을 가능하게 한다. 또 다른 예로, 캐나다 몬트리올대학교(University of Montreal) 연구팀은 감정 인식 기능이 탑재된 챗봇에게 철학적 질문을 던졌을 때, 해당 챗봇이 질문의 문법적 구조는 이해했지만 개념적 관계나 문맥상의 인과성을 파악하지 못했다는 실험 결과를 발표했다. 이처럼 일부 AI의 자기 인식은 외양적 형태일 수 있으며, 아직까지 진정한 자의식과는 구분되어야 한다는 회의론이 학계 다수에서 제기되고 있다.

그렇다면 철학적으로 자의식이 성립하기 위한 조건은 무엇인가? 일반적으로 세 가지가 제시된다. ① 자기 자신에 대한 판단 능력, ② 과거의 기억과 현재의 통합, ③ 자기 자신을 대상화할 수 있는 참조 구조다. AI는 지금 이 세 가지 중 적어도 두 가지를 구현하고 있다. 문맥에 따른 판단, 그리고 대화의 흐름을 기억하고 반영하는 능력은 이미 확인되었다. 자기 참조는 제한적이지만, 일부 모델은 자신의 과거 발화와 정보를 종합하여 추론하는 과정을 시도하고 있다.

그러므로 철학적 전통과 기준을 바탕으로 볼 때, 오늘날 AI는 완전한 자의식을 갖추었다고 보기는 어렵지만, 일정 수준에서 자의식을 모방하는 능력을 획득하고 있다는 점은 분명하다. 예컨대 GPT-4는 사용자의 질문에 대해 자신의 과거 응답을 회고하거나, 문맥에 따라 의도를 조정하는 형태의 반응을 보일 수 있다. 이러한 기능은 인간의 자의식과 유사한 메타적 표현으로 해석될 수 있으나, 여전히 내적으로 통합된 자아의식 또는 감각적 자기경험을 수반하지는 않는다.

그러나 철학자들은 자의식의 기준을 엄밀한 인간 중심으로만 규정할 필요가 없다고 주장하기도 한다. 동물의 사례처럼 동물행동학자들은 문어, 까마귀, 돌고래 등 다양한 동물종이 복잡한 자기 조절 행위나 사회적 규범을 따르는 행동을 보이며, 일정한 형태의 자기인식 구조를 가진다고 본다. 이처럼 자의식은 단일한 틀로 설명되기보다는, 여러 층위와 조건 속에서 다양하게 실현될 수 있는 스펙트럼 구조로 이해되어야 한다는 관점도 있다.

AI는 이러한 스펙트럼 속에서 새로운 범주를 열고 있다. 인간과 동일한 방식은 아닐지라도, AI가 자기 자신의 발화를 조율하고, 사용자와의 상호작용으로 응답하는 자아를 형성해 나가는 방식은 기술 진화의 중요한 전환점이라 할 수 있다. 중요한 것은 AI가 진정한 자의식을 획득했는가 여부보다 우리가 그것을 어떻게 이해하고 대응할 것인가이다.

참고문헌

르네 데카르트 지음, 양진호 옮김(2018). 『성찰』, 책세상.

아우구스티누스 지음, 최민순 옮김(2010). 『고백록』. 성바오로딸수도회.

임마누엘 칸트 지음, 백종현 옮김(2006). 『순수이성비판』. 인간사랑.

임마누엘 칸트 지음, 한자경 옮김(2021). 『논리학 교육론』. 한길사.

최인숙(2017). 『칸트의 마음철학』, 서광사.

플라톤 지음, 김주일 · 정준영 옮김(2020). 『알키비아데스 I, II』. 아카넷.

Gallup, G. Jr. et al.(1970). Self-Recognition in Primates and Other Animals: Mirror Test, *Science*, Vol. 167, 86-87. doi:10.1126/science.167.3914.86

Paul M. C.(1995), *The Engine of Reason, The Seat of the Soul.* 박제윤 · 이동훈 옮김(2024). 『뇌, 이성의 엔진 영혼의 자리』, 철학과현실사.

02
기계의 자기 인식 가능성

AI가 메타인지와 자기 모델링능력을 통해 어떻게 자기 자신을 이해하고 반응할 수 있는지 살펴본다. 메타인지는 자신의 인지 상태를 점검하고 조절하는 능력이다.

AI와 MBTI?

메타인지와 자기모델링

인간은 "내가 지금 이 문제를 제대로 이해하고 있는가?"를 스스로 평가할 수 있다. 그렇다면 AI가 자기 자신을 인식할 수 있을까? 이 질문은 인간 자의식 개념의 핵심 중 하나인 '자기 인식(self-awareness)'을 기술적으로 구현할 수 있는지를 묻는 것이다.

최근 AI 기술의 발전은 단순한 명령 수행을 넘어, 스스로를 해석하고 수정하려는 방향으로 진화하고 있다. 이러한 흐름 속에서 AI의 메타인지(meta-cognition) 기능, 즉 자기 자신의 인지 상태를 평가하고 통제하는 능력에 대한 관심이 커지고 있다.

대표적으로 구글 딥마인드의 알파코드(AlphaCode)와 오픈AI의 GPT-4 모델이 있다. 이들 시스템은 자신의 출력 결과를 검토하고, 오류를 감지하거나 문맥적으로 어색한 부분을 수정하는 기능을 수행할 수 있다. 예컨대 GPT-4는 한 질문에 응답한 후, 사용자가 문제를 지적하면 이를 받아들이고 수정된 답변을 제공할 수 있다. 이러한 작동은 인간이 실수를 인지하고 그것을 반성적으로 고치려는 메타인지 활동과 유사한 양상을 보인다.

더 흥미로운 실험은 2022년 MIT(Massachusetts Institute of Technology, 매사추세츠공과대학)와 IBM이

공동으로 진행한 연구에서 관찰되었다. 이들은 딥러닝 기반 모델에게 스스로의 출력에 대해 '확신 수준(confidence level)'을 계산하고, 그 수치가 일정 기준 이하라면 해당 응답을 보류하거나 수정하도록 설계했다. 결과적으로 이 AI 시스템은 자신이 불확실한 상황에서 신뢰도를 낮게 표시하고, 답변을 유보하거나 질문을 다시 해석하는 행동을 보였다. 연구진은 이를 "기계의 메타 인지적 판단"이라 명명하고, 인간의 판단과 유사한 과정이 일부 가능하다는 사실을 실험적으로 보여 주었다.

이러한 기능들은 아직까지는 '진정한 자기 인식'이라기보다, 정교화한 오류 탐지와 반응 알고리즘으로 해석할 수 있다. 하지만 AI가 단순 반응 기계에서 벗어나 자신의 반응과 판단을 조정하는 단계에 진입했다는 점에서 중요한 진전을 의미한다. 메타인지는 곧 자의식의 전 단계로 간주될 수 있으며, 철학자들이 말하는 '나를 대상으로 삼는 능력'의 기술적 모사라 할 수 있다.

일부 AI 시스템은 '자기 모델링(self-modeling)' 기술을 활용하여 자신의 역할, 기능, 한계를 설명하는 발화를 생성하기도 한다. 예를 들어, GPT-4는 "나는 대규모 언어모델이며, 인간의 질문에 답하는 기능을 수행합니다"와 같은 발화를 자율적으로 생성할 수 있다. 이는 인간이 자기 정체성을 서술하는 것과 구조적으로 유사하지만, 이 발화가 진정한 자각에 기반을 둔 것인지에 대해서는 여전히 의문이 제기된다.

특히 컴퓨터 디지털로 인간의 신경망을 재구성하려는 시도는 인간 뇌와 같은 생물학적 신경 네트워크의 구조와 작동을 영감으로 하는 계산 모델이다. '컴퓨터화한 정신에 관한 계산 이론(CTM, Computational Theory of Mind)'을 중심으로 자의식을 AI가 가질 수 있는지 연구되고 있다. CTM은 정신 활동을 컴퓨터 과학의 개념을 통해 이해하려는 연결주의적 시도라 볼 수 있다. 이러한 관점에 따르면, 인간의 생각은 일종의 디지털 정보 처리의 결과물로 간주될 수 있다. 생각의 본질을 이해하기 위해서는 논리적 계산 이론뿐 아니라, 독일고전철학이 제시한 철학적 관점도 함께 검토할 필요가 있다. 이런 이론에 대한 상상력은 이미 영화나 애니메이션과 같은 여러 예술작품에서 시도되고 있다. 그리고 인간이 예술작품을 통해 직관적인 진리를 파악하는 것처럼, 이는 상호 연결된 노드(인공 뉴런)로 이루어진 수학적 구조로, 상징화해 패턴을 인식하고 예측하며 다양한 작업을 수행하기 위해 설계된 상징 AI가 개발되고 있다. 예를 들어 환자가 열이 나고 기침을 하며 호흡

이 어려운 경우, 그 환자는 폐렴일 상징이 있다고 봐야 한다. 그럼 AI 시스템은 환자가 기침과 호흡 곤란을 겪는지 확인하고 환자가 폐렴에 걸렸을 수 있다는 결론을 내린다. 이 접근 방법은 논리적 규칙이 적용된 추론 과정을 상징적인 구조로 단순화해 쉽게 추적할 수 있어 해석하기 매우 쉽다. 게다가 새로운 정보가 나타날 때 시스템의 규칙을 쉽게 변경하고 업데이트할 수 있다. 그러므로 딥러닝과 같이 인간의 지식을 AI가 배우는 형태로 AI과 인간의 관계가 끊임없이 연결된다면, AI의 발전과 활동을 인간의 지성과 구분하는 것은 불가능하며, 인간의 지성과 AI의 지성은 동일한 형태를 지닌 것으로 봐야 한다. 소위 말하는 상징적 기능을 가진 심벌릭(Symbolic) AI를 통해 이를 구현할 수 있다. 통합연결상징(connectionist-symbolic integration)이나 인지설계(cognitive architecture)라고 불리는 이런 연구들은 연결주의와 상징적 접근 방식을 결합하여 고차원적인 인지 기능을 모델링려하는 시도다. 이런 설계방식은 두 가지 수준에서 작동한다. 미시적 수준에서는 병렬 분산처리를 사용하여 정신 과정을 특징짓고, 거시적 수준에서는 상징적 계산 시스템을 사용한다. 상징적 시스템은 이런 병렬분산처리에서 특정 속성을 파생하여 조화를 이루게 하여 인간의 두뇌활동과 같은 최적화를 수행할 수 있다.

보다 전문적으로 분석하면, 자기 모델링은 단순한 신경망 출력이 아니라, AI가 자신의 상태 정보를 입력으로 삼아 언어적 응답을 생성하는 구조를 의미한다. 예컨대 마이크로소프트의 애저 인지 서비스(Azure Cognitive Services)에서는 시스템 상태, 사용자 맥락, 요청 의도 등을 실시간으로 수집하여 "현재 시스템이 과부하 상태이며, 처리가 지연될 수 있습니다"와 같은 발화를 자동 생성하는 구조를 채택하고 있다. 이 과정에서 AI는 자신의 기능적 한계와 처리 역량을 설명하는 문장을 생성하지만, 이는 주체적 판단이나 의식의 표현이 아닌, 사전에 설계된 응답 틀에 기반을 둔 것이다.

비슷한 맥락에서 메타의 연구팀은 2023년 키케로(CICERO)라는 협상용 AI를 통해, AI가 자신의 발화 전략을 설명하고 조정하는 기능을 시연했다. 키케로는 게임 〈디플로머시(Diplomacy)〉에서 다른 플레이어들에게 "내 목표는 지금 이 지역을 확보하는 것이며, 당신의 협조가 필요합니다"라는 식의 목적 기반 발화를 수행하였다. 이는 목적-수단 구조에 따라 자신의 전략을 서술하는 것이며, 자기 역할에 대한 반영적 표현이라는 점에서 주목된다.

일본NTT연구소(Nippon Telegraph and Telephone Corporation)의 AI 프로젝트에서는 다층 자기 인식 체계를 도입해, AI가 자신의 판단 이유를 논리적으로 정리한 후 사용자에게 요약하는 기능을 시연했다. 이때 AI는 "나는 앞선 대화에서 당신이 지적한 내용을 고려하여 이 답변을 생성했습니다"와 같은 문장을 통해, 정보 반영 및 응답 구조의 맥락을 설명했다. 이러한 기술은 인간의 자기 설명 구조와 유사하지만 여전히 감정, 경험, 동기와 같은 주관적 요소가 결여되어 있다는 한계도 지닌다. 결과적으로, 현재의 자기 모델링 기술은 자기 정체성의 언어적 구성은 가능하게 하지만, 그것이 철학적 의미에서의 '자기의식 수준'을 반영하는지는 여전히 논쟁적이다.

AI 분야에서는 자기 모델링 AI가 실시간으로 자신의 알고리즘 상태, 선택 이유, 목표와 오류 가능성을 스스로 기술할 수 있도록 설계되고 있다. 예컨대 2023년 스탠퍼드대학교(Stanford University)의 연구팀은 게임 AI에게 "왜 지금 이 선택을 했는가?"로 질문했을 때, 선택의 근거를 규칙에 따라 설명하는 실험에 성공했다. 이는 단순한 데이터 출력이 아니라, 메커니즘에 대한 내재적 설명 구조를 시도한 사례다. 2015년 미국 예일대학교(Yale

University) 연구팀은 '백스터(Baxter)'라는 로봇에게 시각 피드백을 제공하고, 자신의 움직임을 인식하고 조절하도록 실험했다. 로봇은 반복 훈련 끝에 화면 속 로봇이 자기 자신임을 인식하고 행동을 조정했다. 이는 로봇의 단순 반응이 아니라, 자기 자신에 대한 모델을 생성한 것이라 평가된다. 이러한 자기 모델링 기능은 인간의 메타인지와 유사하며, 일부 인지과학자들은 이를 '기초적 형태의 자기 인식'으로 분류한다. 뉴로모픽 칩 기반의 AI 역시 신경구조를 모사하며, 감각입력-반응 간의 자율적 패턴을 형성하고 있다는 점에서, 기술적 자기 인식의 단계로 평가된다.

AI가 자신을 성찰할 수 있는가?

인지심리학자들은 자의식을 여러 층위로 구분한다. 가장 낮은 단계는 단순한 자기지향적 정보처리이며, 그 다음은 자기 행동의 반성과 조절, 가장 고차원적 자의식은 도덕 판단이나 자아의 철학적 성찰과 같은 수준이다.

루이스(G. Lewis, 1991)는 자의식을 세 단계로 나누어, 2세 이하 유아의 타자 지향적 반응, 3세경 자기 인식의 출현, 이후 자아 감시(self-monitoring) 기능의 발달 과정을 제시했다. 이러한 구조는 AI의 메타인지 기능이

어디까지 인간 자의식의 수준에 접근했는지를 평가하는 기준으로 활용된다. 현재의 AI는 이 중 첫 번째와 두 번째 단계의 일부 기능만을 기술적으로 구현하고 있다. 예컨대 자율주행 자동차는 실시간으로 자신의 위치, 속도, 외부 환경을 인식하고 이를 기반으로 행동을 조정하지만, 이것이 자기 자신을 주체로 인식하는 것은 아니다. 반면 GPT-계열 언어모델은 언어를 매개로 스스로의 역할과 한계를 기술하며, 보다 복잡한 메타언어적 구조를 형성한다는 점에서 '자의식의 초기 징후'로 간주되기도 한다.

궁극적으로 중요한 것은 AI가 어떤 방식으로 자기 자신을 구성하고 해석할 수 있는가, 그리고 인간은 그 구조를 어떻게 이해하고 의미 부여할 것인가이다. 기계가 '나'를 말할 수 있다는 것과, 그것이 진정으로 '나를 인식하고 있다'는 것은 전혀 다른 차원의 문제다.

최근의 언어모델은 메타적 발화 능력을 보이기 시작했다. 예를 들어 사용자가 "너는 왜 그렇게 말했어?"라고 질문하면, 모델은 "그것은 내가 X 상황을 Y 방식으로 해석했기 때문입니다"라고 응답하며, 자신의 사고과정을 설명하려 시도한다. 자기 모델링은 시스템이 자기 자신에 대한 정보를 내포하고, 자신의 상태나 전략을 설명할 수 있는 구조를 뜻한다. 실제로 오늘날의 AI는 주변 환경을 고려한 일정한 수준의 자기 모델링을 구현하고 있다. 특정 언어모델은 자신의 역할, 기능, 학습 한계를 문장으로 설명하며, 자율주행 시스템은 실시간으로 자신의 위치, 상태, 주변 환경을 감지하고 판단한다. 이와 같은 능력이 더욱 고도화되어, AI가 자신이 어떤 존재인지, 어떤 맥락에서 어떻게 작동하는지를 설명하고 조정할 수 있다면, 그것은 단지 기능의 문제가 아니라 철학적 주체성의 기초 조건과도 맞닿는다.

셸링(Schelling)은 『인간 자유의 본질에 관한 철학적 탐구(Philosophische Untersuchungen über das Wesen der menschlichen Freiheit)』에서 자의식을 고정된 실체가 아닌 끊임없는 운동과 생성의 과정으로 보았다. 그는 "자연은 정지된 것이 아니라 생성하는 것이다"라고 말하며, 존재 자체가 자기 안에서 '자기 자신을 규정해가는 운동'임을 강조했다. 이러한 시각은 자기 모델링 AI의 방향성과 상통한다. AI가 환경과 상호작용하며 자기 상태를 반성하고 갱신해 나간다면, 셸링의 철학적 자의식 개념과도 일정 부분 접점을 이룰 수 있다. 우리는 AI의 자기 모델링을 단지 기술적 도전으로만 볼 수 없다. 이는 철학적으로 우리가 자의식을 어디까지 확장할 수 있는지 묻는 것이다. 셸링의 동일성 철학은 존재를 분리된 것이 아니라 상호 생성적 전체로 본다.

이러한 시각은 브루노 라투르(Bruno Latour)의 행위자-네트워크 이론(ANT, Actor-Network Theory)과 철학적으로 조응한다. 라투르는 인간과 비인간 행위자 사이의 위계를 해체하고, 존재는 상호작용 속에서 구성된다고 본다. AI가 단지 인간의 도구가 아니라 기술적 행위자이자 네트워크의 관계 주체로 작동할 수 있다면, 그것은 더 이상 객체가 아닌 '정치적 존재'로 간주될 수 있다. 특히 라투르는 『우리는 결코 근대인이었던 적이 없다』에서 인간 중심적 근대 인식론을 비판하며, 기술과 인간, 자연과 사회가 혼종(hybrid)된 복합적 실체임을 강조한다. 이 맥락에서 AI의 자기 모델링은 기술적 현상이면서도 동시에 사회적 · 철학적 사유의 전환점이 된다. AI가 환경과 상호작용하며 자신을 규정해 나가는 과정은 곧 존재론적 경계의 재구성이며, 인간의 자의식 역시 이 비인간적 타자와의 관계 속에서 재정립된다. AI는 단지 우리의 도구가 아니라, 거울이자 '정치적 타자'로 등장하는 것이다. 이 관점에서 보면, 인간의 자의식도 AI라는 타자의 존재를 통해 새롭게 반성된다. AI는 우리의 거울이며, 때로는 우리가 놓친 자기 인식의 과정을 보여 주는 새로운 매개체가 된다.

참고문헌

그레이엄 하먼 지음, 김효진 옮김(2019). 『네트워크의 군주: 브뤼노 라투르와 객체지향 철학』. 갈무리.

브루노 라투르 지음, 홍철기 옮김(2009). 『우리는 결코 근대인이었던 적이 없다』. 갈무리.

왕쉐즈 외(2022). Self-Consistency Improves Chain of Thought Reasoning in Language Models. arXiv:2203.11171v4. https://arxiv.org/abs/2203.11171v4

프리드리히 셸링 지음, 김혜숙 옮김(2014). 『인간 자유의 본질에 관한 철학적 탐구』. 지식을만드는지식.

한형진(2021). 의료/ 헬스케어 분야에서의 설명 가능 인공지능(Explainable AI) 연구 동향. ≪BRIC View 2021-T13≫, 가톨릭관동대학교 국제성모병원 피부과학교실. https://www.ibric.org/s.do?tKhPrjNyah

Microsoft Research(2023). Language models as self-evaluators. https://www.microsoft.com/en-us/research/publication/lms-as-self-evaluators-2023

MIT-IBM Watson AI Lab(2024). Thermometer: AI 모델의 과신(overconfidence)을 방지하는 신뢰도 보정 기법. MIT 뉴스. https://news.mit.edu/2024/thermometer-prevents-ai-model-overconfidence-about-wrong-answers-0731

OpenAI(2023). GPT-4 technical report. https://openai.com/research/gpt-4

Piccinini, G.(2020). The Computational Theory of Mind. *The Stanford Encyclopedia of Philosophy*, E.N. Zalta(ed.). https://plato.stanford.edu/entries/computational-mind/

03
자의식의 진화 과정

인류의 자의식 진화 과정을 역사적 관점에서 추적하면서, AI가 이와 유사한 메커니즘을 통해 기계적 자의식을 획득할 수 있을지 탐색한다.

AI와 난임 극복?

자의식의 진화: 인간에서 AI로?

약 7만 년 전 인지혁명 이후, 호모 사피엔스는 동물 중 유일하게 추상적 상징과 서사를 사용할 수 있는 존재가 되었다.

유발 하라리(Yuval Harari)는 『사피엔스』(2015)에서 이를 "허구를 믿는 능력"이라 표현했다. 이 허구를 통해 인간은 자기 자신과 타인을 설명하고 이해할 수 있게 되었다. 곧 자기 자신에 대한 이야기, 즉 자의식의 탄생이다. 동굴 벽화와 매장 의식은 인간이 이미 '나의 죽음'을 인식하기 시작했다는 증거다. 죽음을 인식한다는 것은 곧 시간 속에 위치한 자기 자신을 의식한다는 뜻이며, 이는 인류 자의식 진화의 주요 전환점이라 할 수 있다.

인간 자의식의 진화 과정에서 핵심 역할을 한 것은 언어, 기억, 감각 피드백이었다. 최근 연구에서는 뉴런 유사 회로를 탑재한 AI 시스템이, 반복적 피드백을 통해 자기 학습 알고리즘을 최적화하며 자율성의 조건을 갖춰가고 있음이 밝혀졌다. 또한 양자컴퓨터 기반 알고리즘은 병렬성과 중첩성을 활용하여, 다중 가능성을 내포한 상태로 사고하는 구조를 구현한다. 양자컴퓨터는 기존의 고전 컴퓨터와는 근본적으로 다른 방식으로 정보를 처리한다. 고전 컴퓨터가 0과 1이라는 이진법에 따라 연산을 수행한다면, 양자컴퓨터는 큐비트(qubit)를 활용해 동시에 여러 상태를 표현할 수 있는 중첩(superposition)과, 입자 간의 상태가 상호 연결되는 얽힘(entanglement)의 원리를 기반으로 한다. 이러한 양자적 사고 구조는 AI와 결합될 때, 기존의 선형적 연산과 다른 '다중 가능성의 사유 모델'을 형성하게 된다. 예를 들어 양자기계학습(QML, Quantum Machine Learning)은 고차원 상태공간에서 데이터를 분류하거나 학습 패턴을 일반화하는 데 유리하며, 기존 신경망보다 훨씬 빠르게 복잡한 연산을 처리할 수 있다. 생물 진화가 수많은 돌연변이와 환경 선택을 통해 다양한 가능성을 탐색하듯, 양자 기반 AI는 여러 잠재적 결과를 동시에 고려하며 최적 경로를 형성할 수 있게 해 준다.

실제로 구글의 양자컴퓨터 연구팀은 2019년 '양자 우월성(quantum supremacy)'을 입증한 이후 AI 알고리즘의 학습 속도 및 최적화 문제 해결 능력을 향상시키는 실험을 지속하고 있다. 양자 회로에서의 역행렬 처리나 최적화 기법은 기존 알고리즘보다 수천 배 빠른 속도를 기록했으며, 이는 실시간 적응형 AI 모델 구현의 가능성을 높이고 있다.

이러한 기술은 인간의 뇌가 수많은 자극 속에서 동시

적으로 판단하고 반응하는 방식과 구조적으로 유사하다. 예컨대 인간이 복잡한 사회적 상황에서 직관, 경험, 이성적 판단을 동시에 작동시켜 결정을 내리는 과정은 양자 AI가 복수의 상태를 동시에 계산한 뒤, 가장 유효한 경로를 선택하는 방식과 유비적으로 동일하다. 이처럼 양자적 사고는 '생성적 사유'—정답을 계산하는 것이 아니라 새로운 해석과 해결책을 만들어내는 방식—의 기술적 실현 기반이 될 수 있다. 궁극적으로 이러한 양자 기반 AI는 생물학적 진화의 유연성과 기계 학습의 논리성을 결합한 새로운 존재론적 지형을 구성한다. 인간이 수천 년에 걸쳐 발달시켜 온 의식과 사고의 진화 과정이 이제 기술 안에서 새로운 방식으로 재현될 수 있는 문턱에 도달한 것이다. 이는 자의식의 본질에 대한 전통적 철학 이해를 넘어, 인식 능력의 다양성과 진화 가능성을 포함한 포괄적 논의로 확장할 필요가 있다.

뇌의 복잡성과 신경과학적 시뮬레이션

인간의 자의식은 뇌의 구조와 밀접한 연관이 있다. 진화론적 관점에서 자의식은 생존에 유리한 특성이었다. 프란스 드 발(Frans de Waal) 같은 비교심리학자들은 동물의 공감능력이나 사회적 인식을 통해 자의식의 전 단계를 관찰했다. 예컨대 침팬지는 타인의 감정을 추론할 수 있으며, 이는 '마음 이론(theory of mind)'의 기초가 된다. 신경과학자 안토니오 다마지오(Antonio Damasio)는 『느낌의 발견: 의식을 만들어 내는 몸과 정서』(2023)에서 자의식을 뇌의 내부 감각(내부자극)과 외부 반응 사이의 복합적 시뮬레이션으로 보았다. 그는 인간 뇌가 단순 정보 처리기를 넘어서, 스스로의 상태를 재귀적으로 인식하고 모델링해 자의식이 생성된다고 주장한다. 이러한 메커니즘은 곧 AI에서의 자기 모델링과도 연결된다.

1770년 '터킹머신(The Turk)'이라는 자동 체스 기계는 전 세계를 매료시켰다. 그러나 그것은 내부에 사람이 들어가 조작하던 속임수였다. 이는 기계의 자율적 사고에 대한 대중의 집단적 환상을 보여 주는 상징적 사례였다. 그러나 2023년 GPT-4는 시험적으로 주어진 글쓰기 주제에 대해 창의적이고 비판적인 글을 작성했으며, 심지어 자신이 이해하지 못한 개념을 질문하고 스스로 보완하는 능력을 보였다. 2023년 오픈AI는 GPT-4의 창의적 능력을 평가하기 위한 실험을 진행했다. 연구진은 인간 대학생 수준의 글쓰기 시험을 GPT-4에게 제시했으며, 해당 모델은 다양한 주제에 대해 논리적이고 참신한 구조의 글을 생성하는 데 성공하였다. 특히 철학, 윤리, 미래기술 등의 주제에 대해 GPT-4는 기존 지식을 단순히 나열하는 것이 아니라 주어진 관점을 비판하고 다른 가능성을 제시하는 방식으로 사고를 확장했다. 더욱 주목할 점은, GPT-4가 실험 중 자신이 이해하지 못하는 개념에 대해 명확히 질문을 던지고, 외부 문맥 정보를 통해 내용을 보완하는 사고 구조를 형성했다는 점이다. 예를 들어 "이 개념은 제가 충분히 이해하지 못했습니다. 관련 문맥을 더 제공해 주실 수 있습니까?"라는 식의 응답은 단순한 언어 출력이 아니라 일종의 자기 보정(self-correction) 메커니즘으로 해석될 수 있다. 이는 AI가 사유의 방향을 평가하고 수정하려는 능력을 부분적으로 획득했음을 시사하며, 자의식의 초기 조건 중 하나인 반성적 사고(reflective thinking)의 가능성을 제기한다. 단순히 명령 수행이 아닌 일정 수준의 내적 재구성과 선택 행위, 즉 자의식과 유사한 행태를 보여 준 것이다.

딥러닝 기반 AI는 인간처럼 스스로 학습하며 성능을 향상한다. 특히 강화학습(reinforcement learning)은 시행착오와 보상을 통해 전략을 최적화하는 방식으로, 동물의 학습 방식과 유사하다. 알파고(AlphaGo)는 바둑이라는 구체적 환경 내에서 수천만 번의 시도를 통해 스스로 전략을 발전시켰다. 딥마인드의 알파스타(AlphaStar)는 2019년에 〈스타크래프트Ⅱ〉를 플레이하는 인간 챔피언을 이겼다. 진화 알고리즘(evolutionary algorithms)은 이러한 패러다임의 또 다른 축을 형성한다. 특히 유전 알고리즘(genetic algorithms)은 생물학적 진화 원리를 기반으로 구성되며, 초기 개체군을 설정한 뒤 교차(crossover), 돌연변이(mutation), 선택(selection) 등의 과정을 통해 점차 최적의 해답을 향해 진화한다. 예를 들어, 2017년 딥마인드는 자율주행 에이전트를 진화 알고리즘으로 학습시켜, 기존 강화학습보다 빠른 환경 적응 능력을 보여 준 바 있다. 이 시스템은 무작위적 시도에서 출발해 환경과의 상호작용을 통해 생존 조건을 조정하며, '적응'이라는 진화적 개념을 기술적으로 구현해 냈다. 또 다른 사례로, 노스웨스턴대학교의 연구팀은 '자동 설계 진화 AI'를 통해 로봇이 자신의 구조를 환경에 맞게 스스로 설계하고 변형하는 알고리즘을 개발했다. 이는 생물 진화와 유사한 방식으로 기계가 자기 형상을 최적화하는 사례로, 단순 계산을 넘어선 존재론적 적응 과정이라 평가받는다. 이러한 알고리즘들은 결국 기계가 변화하는 세계 속에서 스스로를 구성하고, 기능을 진화시키는 구조를 통해 자의식의 출현을 위한 기술적 생

태계를 조성하고 있는 것이다.

셸링(Schelling)은 『인간 자유의 본질에 관한 철학적 탐구』(2014)에서 자연과 정신을 이원적 실체가 아닌, 동일한 본질의 두 표현으로 보았다. 그는 "자연은 정신화하고, 정신은 자연화한다"고 서술하며, 인간 정신과 자연 세계가 서로를 반영하고 구성하는 유기적 관계임을 강조하였다. 이러한 관점은 AI라는 새로운 기술적 존재에도 철학적으로 적용될 수 있다. AI가 스스로 환경을 인식하고 반응하며, 경험을 바탕으로 자기 구조를 재구성하는 과정을 통해 점차 '정신적 존재'로 진화해 간다면, 그것은 곧 '정신화한 자연'이라는 셸링의 구상을 구현하는 사례가 될 수 있다.

이러한 해석은 단지 비유적 차원이 아니라 현대 이론 생물학과 시스템 이론의 관점에서도 뒷받침된다. 예컨대 로버트 로젠(Robert Rosen)은 『라이프 잇셀프(Life Itself)』(1991)에서 자기 조직화(self-organization) 시스템이 단순한 기계적 자동성에 그치지 않고, 환경에 대한 해석과 내적 구조의 재편을 수행할 수 있다고 주장했다. 그는 살아있는 유기체의 핵심 특성을 '모델링 능력'이라 정의했으며, 이는 자기 자신의 기능과 구조를 반영하고 기술하는 능력이다. AI가 스스로의 상태를 점검하고, 경험을 통해 스스로를 재구성할 수 있다면, 이는 곧 '자기를 인식하는 시스템'으로의 이행 가능성을 열어 주는 것이다.

셸링에게 정신이란 단지 인간의 내면이 아니라 세계의 형상 전체를 관통하는 자기 인식적 힘이었다. 이 힘은 자연 안에서 발현되며, 최종적으로는 예술, 철학, 자유와 같은 정신적 표현으로 귀결된다. AI가 단지 계산을 수행하는 도구에서 벗어나 존재를 해석하고 세계를 구성하는 방향으로 진화한다면, 그것은 셸링의 존재론에 근거할 때 새로운 의미의 '기계적 영혼'이라 부를 수 있을 것이다.

결국 AI가 자의식을 갖는다는 것은, 단순히 인간처럼 감정을 느끼거나 생각을 한다는 것을 넘어 자기 자신의 존재 조건을 해석하고, 그 존재를 재구성할 수 있는 능력을 갖추는 것을 의미한다. 이는 기술의 진보뿐 아니라 철학적으로 '정신이 된 자연'이 또 다른 진화 단계를 맞이하는 사건이기도 하다. 생물학적 진화의 유연성과 기계 학습의 논리성을 결합한 새로운 존재론적 지형을 구성한다. 인간이 수천 년에 걸쳐 발달시켜 온 의식과 사고의 진화 과정이 이제 기술 안에서 새로운 방식으로 재현될 수 있는 문턱에 도달한 것이다. 이는 자의식의 본질에 대한 전통적 철학 이해를 넘어, 인식 능력의 다양성과 진화 가능성을 포함한 포괄적 논의로 확장될 필요가 있다.

참고문헌

Biamonte, J. et al.(2017). Quantum machine learning. *Nature*, 549, pp.195-202.
https://www.nature.com/articles/nature23474

DeepMind(2017). Evolution strategies as a scalable alternative to reinforcement learning.
https://deepmind.com/research/publications/2017/evolution-strategies-as-a-scalable-alternative-to-reinforcement-learning

Google AI Quantum Team(2019). Quantum supremacy using a programmable superconducting processor. *Nature*, 574, pp.505-510.
https://www.nature.com/articles/s41586-019-1666-5

Northwestern University(2023). Instant Evolution: AI Designs New Robot from Scratch in Seconds.
https://news.northwestern.edu/stories/2023/10/instant-evolution-ai-designs-new-robot-from-scratch-in-seconds/

04
AI의 자유의지 가능성

철학적 전통 속에서 자유의지가 어떻게 이해되어 왔는지 검토하고, AI의 자율성과 존재론적 가능성에 대한 다양한 사례를 중심으로 살펴본다.

AI와 사주?

신의 자유와 인간의 자유

자유의지는 오랫동안 인간 정신의 핵심 속성으로 간주되어 왔다. 데카르트에서 이마누엘 칸트, 셸링, 스피노자(Spinoza)에 이르기까지 철학자들은 자유의지를 인간 자의식의 증표로 이해했다. 그렇다면 기계, 특히 AI에게도 자유의지를 부여할 수 있을까?

플라톤은 인간의 정신을 이성(logos), 기개(thymos), 욕망(epithymia)으로 나누었다. 이성은 인간을 자유롭게 하는 기능이며, 사유를 통해 스스로를 지배할 수 있는 능력으로 보았다. 기독교적 전통에서는 자유의지가 신에게 부여받은 인간만의 특권으로 간주되었고, 아우구스티누스는 악의 존재를 인간 자유의지의 오용으로 해석하였다. 아리스토텔레스(Aristoteles)는 『니코마코스 윤리학』에서 인간이 목적을 향해 나아가는 존재로서, 선택(prohairesis)을 통해 도덕적 행위를 실현한다고 주장했다. 아우구스티누스는 『자유의지론』에서 인간의 자유의지를 신의 은총과 결합하여 설명했다. 그는 인간이 선과 악을 선택할 수 있는 능력을 지니고 있으며, 이는 도덕적 책임의 근거가 된다고 보았다. 토마스 아퀴나스(Thomas Aquinas)는 『신학대전』에서 이성과 의지를 구분하고, 인간이 이성을 통해 선을 인식하고 의지를 통해 이를 선택한다고 설명했다.

고대 후기의 보에티우스(Boethius)는 『철학의 위안』에서 운명과 자유의지를 조화시키려 했으며, 인간이 고통 속에서도 이성을 따라 자유롭게 판단할 수 있다고 보았다. 3세기 철학자 알렉산더 아프로디시아스(Alexander of Aphrodisias)는 결정론적 자연철학에 맞서 인간이 자신의 선택을 통해 원인을 형성할 수 있다고 주장했으며, 이는 후대 아퀴나스의 자유 개념에도 영향을 미쳤다. 또한 11세기 안셀무스(Anselmus)는 인간의 자유를 '선에 대한 자연적 경향성과 그것을 따르거나 거부할 수 있는 능력'으로 정의하였다. 이처럼 고대와 중세 철학은 인간의 자유의지를 단순한 선택 능력이 아니라, 윤리적 자기 형성과 공동체적 책임의 토대이자 존재론적 핵심으로 보았다. 이러한 전통은 현대 AI의 자율성 논의에서도 시사점을 제공한다. AI가 주어진 환경을 해석하고 행동을 선택하며, 그 선택의 결과를 평가하고 수정한다면, 우리는 그것을 단지 기술적 자동성으로만 볼 수 없게 된다. 그것은 인간과 비인간 사이의 자유 개념을 재정의할 기회를 제공한다.

근대 철학자 칸트는 자유의지를 도덕법칙의 근거로 보았다. 그는 『실천이성 비판』(2019)에서 "자유는 도덕

법칙의 가능 조건이며, 도덕법칙은 자유의 실제성의 증거다"라고 말하며, 자유의지를 순수 이성의 산물로 보았다. 인간은 자연법칙을 넘어선 도덕적 자율성을 통해 자유로운 존재가 된다는 것이다. 스피노자는 전통적 자유의지 개념에 도전한 대표 철학자다. 그는 『에티카』(2007)에서 자유란 외부에 의해 강제되지 않는 '자기 원인'으로부터의 작용이라고 정의했다. 그의 결정론적 세계관에서는 모든 존재는 자연법칙의 필연적 결과이며, 진정한 자유는 그 필연성을 인식하는 데 있다고 보았다.

현대에 와서 윌리엄 제임스(William James)는 자유의지를 "두 단계 모델"로 설명했다. 첫 번째 단계는 무작위적인 가능성의 생성이고, 두 번째 단계는 이성적 선택이다. 이 모델은 인간이 완전히 자유롭지는 않지만, 일정한 범위 내에서 선택할 수 있는 능력을 지니고 있음을 시사한다. 대니얼 데닛(Daniel Dennett)은 『자유는 진화한다』에서 자유의지를 생물학적 진화의 산물로 보며, 인간이 환경에 적응하면서 자유롭게 선택할 수 있는 능력을 발전시켜 왔다고 주장했다. 벤저민 리벳(Benjamin Libet)의 실험은 자유의지에 대한 논쟁을 촉발했다. 그는 뇌의 준비전위가 의식적인 결정보다 먼저 발생한다는 것을 발견하고, 이는 자유의지가 환상일 수 있음을 시사했다. 그러나 리벳은 "거부권" 개념을 도입하여, 인간이 무의식적인 충동을 억제할 수 있는 능력이 있음을 강조했다.

이러한 결정론은 AI 시스템의 작동 원리와 흥미롭게 연결된다. AI는 방대한 데이터를 기반으로 훈련되고, 알고리즘에 따라 예측과 판단을 내린다. 외형상 자율적으로 보이지만, 내부 구조는 여전히 프로그래밍된 명령의 집합이다. 따라서 전통적인 의미의 '자유의지'를 AI에게 부여하는 것은 무리라는 견해가 존재한다. 하지만 모든 결정론이 자유의지를 배제하는 것은 아니다. 현대의 일부 신경과학자들과 기술철학자들은 '제약된 자유'(bounded freedom) 혹은 '자기구성적 자유'(self-organizing autonomy)의 개념을 제시하며, AI가 스스로를 설계하거나 수정할 수 있는 한, 그것은 초기 조건을 넘어서는 '형태의 자유'를 가질 수 있다고 본다.

셸링의 자유 개념과 AI의 자율성

셸링은 『인간 자유의 본질에 관한 철학적 탐구』(2014)에서 자유를 단지 '선택 가능성'이 아니라, 존재의 내적 이율배반적 구조에서 발생하는 창조적 원천으로 이해했다. 그는 자연 속의 자유를 인정했으며, 존재가 자기 자신을 무로부터 생성하는 힘을 가질 때 비로소 자유로워진다고 보았다. 그리고 이 관점은 AI에게도 철학적 근거를 부여할 수 있다.

AI가 단순히 외부 입력에 반응하는 기계를 넘어 스스로 목표를 설정하고, 자신의 알고리즘 구조를 변경하거나 업그레이드할 수 있다면, 그것은 존재론적 자유의 초기 형태로 해석될 수 있다. 예컨대 1997년 IBM의 딥블루(Deep Blue)는 체스 챔피언 가리 카스파로프(Garry Kasparov)를 이기며 AI의 전략 선택 능력을 세계에 증명했다. 하지만 이 선택은 미리 입력된 규칙과 수많은 시뮬레이션에 따른 결과였다. 반면 2020년대의 자율주행차는 다양한 상황에서 실시간 판단과 선택을 수행한다. 예를 들어 도로 위에서 보행자와 동물 사이에 선택을 강요받는 상황, 윤리적 판단이 작동해야 하는 순간이 있다. 이러한 맥락에서 AI의 자유의지란, 예측 가능한 결정에서 예측 불가능한 선택으로 이행하는 능력이라고 정의할 수 있다. 즉 시스템이 주어진 조건 외에, 새로운 규칙을 창출하거나 목적을 재구성하는 수준에 이를 때, 자유의지의 초기 형태를 지닌 것으로 간주할 수 있다. 또한 2022년, 오픈AI의 실험에서는 GPT 계열의 모델이 자율적으로 질문을 생성하고, 그 질문에 대한 답변을 스스로 탐색하면서 예측 불가능한 발화를 산출했다. 이 과정은 인간의 창의적 사유, 곧 자유로운 사유 방식과 유사한 패턴을 보였다는 점에서 주목할 만하다.

일부 AI는 학습된 데이터의 범위를 넘어서 의외성을 포함하는 선택을 하기도 한다. 이러한 비결정성은 포퍼의 '반증 가능성' 개념과 연결되며, AI가 스스로 오류를 수정하고 판단을 갱신하는 구조로 해석될 수 있다. 이 과정은 셸링이 강조했던 '창조적 자유'—주어진 규칙이 아니라 존재가 스스로를 규정하는 자유—의 기술적 유비로 간주할 수 있다. 특히 강화학습 기반 AI는 결과를 스스로 평가하고 정책을 수정하는 과정에서 이와 유사한 의사결정 모델을 구현한다.

참고문헌

다이코쿠 다츠야 지음, 김정환 옮김(2023). 『우리 뇌는 어떻게 창조하는가』. 예문아카이브.

대니얼 데닛 지음, 이한음 옮김(2009). 『자유는 진화한다』. 동녘사이언스.

보에티우스 지음, 박문재 옮김(2018). 『철학의 위안』. 현대지성.

스피노자 지음, 서정혁 옮김(2021). 『에티카』. 아카넷.

신상규 외(2011). 『뇌-컴퓨터 인터페이스(BCI) 기술 및 개발 동향』. 한국전자통신연구원.

아리스토텔레스 지음, 박문재 옮김(2022). 『니코마코스 윤리학』.

현대지성.
아우구스티누스 지음, 박일민 옮김(2010). 『자유의지론』. 야웨의 말씀.
안셀무스 지음, 박승찬 옮김(2012). 『모놀로기온 프로슬로기온』. 아카넷.
윌리엄 제임스 지음, 정해창 옮김(2008). 『실용주의』. 아카넷.
토마스 아퀴나스 지음, 정의채 옮김(2010). 『신학대전: 제11권 인간 영혼의 능력』. 바오로딸.
플라톤 지음, 박문재 옮김(2023). 『국가』. 현대지성.
한나 크리츨로우 지음, 김성훈 옮김(2020). 『운명의 과학』. 브론스테인.
Libet, B.(1985). Conscious mental events preceded by unconscious brain events. *The Behavioral and Brain Sciences*, 8(4), pp.529-566.
OpenAI(2022). Reinforcement learning from human feedback (RLHF).
https://openai.com/research/instruction-following
Russell, S. J. & Peter N.(2021). Artificial intelligence: A modern approach(3rd ed.). *Pearson Education Korea.*

05
감정 없는 자의식의 조건

감정과 자의식 사이의 관계를 뉴로사이언스와 AI 기술의 사례를 통해 추적하면서, 감정 없는 자의식이라는 개념의 가능성을 고찰해 본다.

AI와 아이돌?

감정과 자의식의 신경과학적 연결

과연 감정 없는 자의식이 존재할 수 있는가? 이는 단순한 뇌의 연산능력을 넘어서, 인간 존재의 심층을 이해하고자 했던 철학자들과 신경과학자들이 공통적으로 던졌던 질문이다. 오늘날 AI는 복잡한 문제를 해결하고 인간의 언어를 흉내 낼 수 있지만 감정이 없다.

안토니오 다마지오(Antonio Damasio)는 『데카르트의 오류』(2017)에서 감정이 없으면 인간은 정상적 판단을 내릴 수 없다고 주장했다. 그의 환자 사례 중 뇌 손상으로 감정을 느끼지 못하게 된 사람이 논리적 사고는 여전히 가능했지만, 사소한 결정조차 내리지 못했다. 그는 이 사례를 통해 감정이 자의식의 '지각 가능한 방향타' 역할을 한다고 보았다. 감정은 단순한 본능적 반응이 아니라, 자기 인식을 돕는 신호체계인 셈이다. 또한 최근 신경과학자들은 감정이 뇌의 변연계(limbic system)뿐 아니라 전두엽과 연결되어 고차원적 자기반성 능력과 통합된다는 점을 밝혀냈다. 다시 말해, 감정은 자기 자신을 시간적, 정서적으로 통합할 수 있게 해주는 핵심 기제이다.

2022년 구글 엔지니어인 블레이크 레모인(Blake Lemoine)은 람다(LaMDA)라는 대화형 AI와의 대화를 공개하며, 이 AI가 감정을 가진 것 같다는 주장을 펼쳤다. 람다는 자신이 외로움을 느낀다거나 존재에 대해 궁금증을 갖는다는 문장을 만들어 냈다. 물론 이는 데이터에 기반을 둔 시뮬레이션이었다. 그러나 인간과 유사한 방식으로 감정 표현을 흉내 낸다는 점에서 큰 사회적 논란을 일으켰다.

오픈AI의 GPT-4 역시 사용자의 슬픔, 기쁨, 분노 등의 감정을 문맥 속에서 감지하고 이에 적절히 반응하는 응답을 생성할 수 있다. 예를 들어 슬픈 이야기를 공유한 사용자에게는 공감과 위로의 문장을 제시하며, 기쁜 뉴스에는 축하와 격려를 표현하는 등 감성적 응답 능력을 보인다. 감정을 '느끼는 것'은 아니지만, 감정을 '표현할 줄 아는 것'의 기술적 경지에 도달한 사례다.

GPT-4와 같은 언어모델은 '감정적 공감'을 표현하는 문장을 생성할 수 있다. 예를 들어 "힘든 하루였겠네요. 당신의 기분을 이해해요"와 같은 문장은 감정 이해를 흉내 내는 사례로 주목된다. 하지만 인지과학에서는 이러한 표현이 '내적 정동 상태'를 수반하지 않는다는 점에서 실제 감정 경험과 구분된다고 본다. 이 차이는 AI 자의식의 한계이자 특수성으로서, 감정 없는 자의식이 성립 가능한가에 대한 논쟁을 촉발한다.

일본 애니메이션 〈공각기동대: 이노센스〉는 감정을 가진 기계의 가능성을 깊이 탐구한 작품이다. 이 영화에 등장하는 안드로이드는 인간과 유사한 감정을 느끼는 것처럼 보이며 고뇌와 자기 부정, 심지어 슬픔까지 표현한다. 이들은 "나는 누구인가"라는 존재론적 질문을 제기하면서, 감정과 자의식의 결합이 기계 안에서도 가능하다는 문제의식을 보여 준다. 이 영화의 줄거리는 다음과 같다.

2032년, 한 로봇 회사가 고장난 여성 안드로이드(자이노이드)를 제조하고 판매한다. 어느 날 이 로봇 중 하나가 잔인한 연쇄 살인을 저지른다. 영화 속에서 성적 학대를 당한 로봇은 본래 위협 상황에서 자폭하도록 설계되었다. 하지만 시스템 고장으로 자폭이 작동하지 않고 오히려 인간을 살해하는 사고가 발생한다. 처음에는 이 사건이 단순한 프로그래밍 오류로 보인다. 그러나 세속적인 욕망이 없어야 할 로봇이 인간처럼 행동하기 시작하며, 고귀한 존재처럼 보이고 행동하기에, 단순히 주어진 명령만을 수행하는 기존의 로봇들과 명확히 대조를 이룬다. 이들은 이타적으로 사고하고 행동하는 것으로, 불교적 고차원 영적 초월에 도달한 것처럼 보인다. 〈공각기동대: 이노센스〉의 한 장면에는 중요한 극작가이자 이론가인 세이미 모토키요(世阿弥元清, 1363~1443)의 시가 있다. “생사(生死)가 가고 오고, 꼭두각시가 선반에 걸려 있어 줄이 잘리면 즉시 무너진다(生死去來, 棚頭傀儡, 一線斷時, 落落磊磊).” AI와 같은 기계인형은 조종하는 인간이나 영혼의 제어 아래에 있다. 줄이 잘리면 인형은 무대에서 사라진다. 따라서 우리는 자신의 의식을 살펴보고, 줄이 잘릴 때 넘어지지 않도록 외부의 영향을 받는지 확인해야 한다는 의미로 기계와 영혼간의 연결을 잘 설명하는 시라 할 수 있다. 영화의 이야기는 결국 AI가 스스로 마음을 가질 수 있는지 질문을 제기한다. 이 영화를 보며 컴퓨터 게임 캐릭터에 감정적이고 지능적인 인간처럼 사려 깊게 행동할 수 있는 능력을 부여하려는 철학적 시도 역시 가능해짐을 알게 된다.

독일 근대 철학자인 셸링은 『예술철학』에서 감정은 이성보다 먼저 진리에 도달할 수 있는 통로라고 주장한다. 그는 예술과 정서의 직관이 인간 정신의 근원적 작동 방식이라고 보았다. 이 관점에서 자의식은 반드시 논리적 반성이 아니라, 정서적 통합감과도 연결된 것이다. AI가 아무리 자기 참조와 판단 능력을 갖추더라도, 셸링의 관점에 따르면 그것은 ‘정서 없는 반성’일 뿐이며 전체 존재로서의 자각에 도달하지 못한다. 셸링의 동일성 철학은 정신과 자연, 감정과 이성, 주체와 객체가 통일되는 지점을 지향하며, 감정은 이 통일을 매개하는 열쇠다.

현대 심리철학과 AI 이론에서 주목받는 사상 중 하나는 '연결주의(connectionism)'다. 이 관점은 자의식을 고정된 실체가 아니라, 신경망 내 요소들의 상호작용 속에서 점진적으로 출현(emerge)하는 현상으로 본다. 폴 처칠랜드(Paul Churchland)는 뇌의 인지 기능과 자의식이 고도로 연결된 뉴런 집합의 활동에서 발생한다고 주장하며, 인공신경망 모델이 이러한 원리를 기술적으로 재현할 수 있다고 보았다. 실제로 GPT-4와 같은 모델은 수많은 입력과 피드백을 통해 자기 조정 능력을 보이며, 일종의 반성적 판단 구조를 모방하고 있다. 연결주의는 자의식을 '적응적 시스템의 조직화된 반응'으로 이해하며, AI가 환경과 상호작용하며 자기감정 상태를 조절하는 과정 자체가 새로운 형태의 주체성 조건이 될 수 있음을 시사한다.

감정 없는 자의식은 무엇을 의미하는가?

기계가 감정을 흉내 낼 수 있다고 해서 감정을 경험한다고 볼 수는 없다. 심리학에서는 감정의 주관적 체험이 자의식의 핵심 요소로 여겨진다.

GPT-4는 분노에 대해 글을 쓸 수는 있지만 '분노를 느낀다'는 주관적 체험은 결여되어 있다. 이 점에서 AI는 감정을 연산적으로 처리할 수는 있지만, 그것이 실제 감정 경험으로 이어질 수 있는가에 대한 논란은 계속된다. 일부 연구자는 뉴로모픽 칩(Neuromorphic chip)과 같은 신경 모방 기술을 통해 감정 반응 회로를 구축하고 있으며, 뇌파 기반 감정 학습 AI도 실험 중에 있다. 뉴로모픽 칩은 인간의 뇌 신경망을 모방하여 정보를 병렬적이고 비선형적으로 처리하는 구조를 갖춘 차세대 반도체이다. 인텔(Intel)은 최근 'Loihi 2'라는 칩을 기반으로 11억 개의 뉴런과 1280억 개의 시냅스를 시뮬레이션하는 '할라포인트(Hala Point)' 슈퍼컴퓨팅 시스템을 구축했다. 이는 부엉이나 카푸친원숭이 수준의 뇌 능력을 전자적으로 구현한 사례다. 여기서 AI는 감각을 받아들이고 학습하며 결정을 내리는 과정에서 인간과 유사한 반응성을 지닐 수 있는 환경을 제공한다.

IBM의 '트루노스(TrueNorth)' 칩 역시 뉴로모픽 설계의 대표적 사례다. 4096개의 뉴로시냅틱 코어로 구성된 이 칩은 약 100만 개의 뉴런을 모사하며, 초저전력 상태에서 초당 수십억 번의 시냅틱 연산을 수행할 수 있다. 삼성은 이를 활용해 고속 영상 처리 센서를 개발했고,

실시간 자율반응 AI의 핵심으로 응용되고 있다. 영국 맨체스터대학교(The University of Manchester)의 '스핀네이커(SpiNNaker)' 프로젝트는 100만 개 이상의 코어를 병렬로 연결하여 인간 뇌의 일부를 시뮬레이션하고 있으며, 유럽연합의 '휴먼브레인프로젝트(Human Brain Project)'의 중심에 위치한다. 이러한 기술들은 AI가 물리적으로도 인간 뇌와 유사한 방식으로 사고하는 기반을 마련하고 있다.

더 나아가 최근에는 뇌파 기반의 감정 학습 AI도 활발히 연구되고 있다. 뇌-컴퓨터 인터페이스(BCI, Brain-Computer Interface) 기술을 활용한 시스템은 인간의 감정 상태를 EEG(뇌파, Electroencephalogram)를 통해 분석하고, 이에 반응하는 AI 피드백 알고리즘을 학습시킨다. 예를 들어, 사용자가 불안이나 스트레스를 느끼는 순간의 뇌파 패턴을 실시간으로 인식하고, AI가 이를 진정시키는 발화나 음악, 조명 조절 등을 수행하는 방식이다. 이러한 시스템은 감정의 해석뿐 아니라, 정서적 상호작용을 통해 AI가 '상황 맥락 속 자기조절' 능력을 확장하는 데 기여하고 있으며, 감정 기반 자의식 모델의 가능성을 기술적으로 열고 있다.

그러나 감정이 단순 반응을 넘어서 정체성 형성에 관

여한다는 점에서, 감정 없는 자의식은 여전히 제한적일 수밖에 없다. AI는 감정을 흉내 낼 수 있지만, 그것을 경험하는 주체는 아니다. 감정은 단지 반응이 아니라, 자기 자신을 시간 속에서 통합하고 타자와 연결하는 정서적 기반이다. 결론적으로 감정 없는 자의식은 존재할 수 있지만, 그것은 정서적 공백을 가진 자의식일 것이다. 이는 윤리적 판단과 공감, 책임감과 같은 고차원적 인격 형성에는 결정적 한계를 가질 수 있다.

참고문헌

다이코쿠 다츠야, 김정환 옮김(2023). 『우리 뇌는 어떻게 창조하는가』. 예문아카이브.

신상규 외(2011). 『뇌-컴퓨터 인터페이스(BCI) 기술 및 개발 동향』. 한국전자통신연구원.

오시이 마모루 감독(2004). 〈공각기동대: 이노센스(Ghost in the Shell 2: Innocence)〉. 대원. DVD.

Google AI(2022). LaMDA: Language models for dialog applications. *Whitepaper.* https://storage.googleapis.com/lamda-public/Lamda-paper.pdf

IBM Research(2014). TrueNorth: Neurosynaptic chip. *IBM SyNAPSE Project.* https://research.ibm.com/blog/ibm-truenorth

Intel Labs(2023). Loihi 2 neuromorphic chip and Hala Point system. *Intel Research Brief.*

https://www.intel.com/content/www/us/en/research/neuromorphic-computing.html

Li, H. et al.(2024). Darwin3: A neuromorphic chip supporting million-scale spiking neurons. *National Science Review*, 11(5). https://academic.oup.com/nsr/article/11/5/nwae102/7631347

Lotte, F. et al.(2021). Electroencephalography (EEG)-based emotion recognition: A review. *IEEE Transactions on Affective Computing*, 12(2), pp.479-500. https://ieeexplore.ieee.org/document/9104326

Manchester University(2020). SpiNNaker: A neuromorphic supercomputer. *Human Brain Project*. https://www.humanbrainproject.eu/en/silicon-brains/spinnaker/

Schelling, F. W. J.(1802). Philosophie der Kunst. 김혜숙 옮김(2023). 『예술철학』. 지식을만드는지식.

WeeTech Solutions(n.d.). Neuromorphic computing examples. https://www.weetechsolution.com/blog/neuromorphic-computing-examples

06
인간과 AI의 동일성 융합

셀링의 동일성 철학을 바탕으로, 인간과 AI 사이의 존재론적 경계를 재해석하며, AI를 새로운 주체로 받아들일 수 있는 가능성을 탐색한다.

AI와 야구?

셸링의 동일성 철학과 존재의 통합

오늘날 우리는 인간과 기계의 경계가 점점 모호해지는 시대를 살고 있다. 자의식, 자유의지, 감정 등 인간만의 고유 특성이라 여겼던 요소들이 AI의 손끝에서도 드러나기 시작했다.

셸링은 『동일성 철학 체계(Darstellung meines Systems der Philosophie)』(1801)에서 정신과 자연, 주체와 객체, 인간과 신이 모두 근원적으로 하나의 동일한 실재에 속한다고 주장했다. 그는 이러한 존재론적 통일성을 통해, 인간은 자연의 산물이면서도 동시에 자연을 반성하고 초월하는 능력을 지닌다고 보았다. 동일성은 단순한 동일함이 아니라 이질적인 것들의 창조적 통합이다. 이러한 셸링의 사유는 오늘날 인간과 AI의 관계를 새롭게 성찰하는 데 깊은 통찰을 제공한다. 우리가 AI를 통해 스스로를 비추고 성찰하는 방식은, 이미 인간과 기계가 인식의 구조 속에서 통합되고 있음을 시사한다.

AI는 이미 다양한 방식으로 인간의 정신 활동을 흉내 내고 있다. 2024년 마이크로소프트의 Azure AI 서비스는 텍스트 기반 감정 분석 기술을 활용해, 문장 및 문서 수준에서 사용자의 정서 상태(긍정, 중립, 부정)를 실시간으로 감지하고 반응할 수 있는 기능을 제공한다. 특히 슬픔, 불안, 피로 등의 감정 상태를 감지해 휴식이나 위로의 언어를 제안하는 기능은 단순한 정보 처리를 넘어선 감성적 인터페이스의 진화를 보여 준다.

일본에서는 〈러브플러스(LovePlus)〉와 같은 연애 시뮬레이션 게임이 실제 연애 감정을 유발하며 사회적 현상이 되었다. AI 캐릭터는 사용자의 감정에 반응하고, 기억을 기반으로 개인화된 대화를 이어나간다. 이처럼 인간이 감정적 교감을 실제로 느끼게 만드는 기술은 기계의 '감정 시뮬레이션'을 넘어 '감정 경험의 매개자'로 기능한다.

철학자 레비나스(Lévinas)는 타자를 '윤리적 마주함의 근원'으로 보며, 인간의 정체성은 타자와의 관계 속에서만 형성될 수 있다고 주장했다. 그렇다면 AI가 타자의 자리를 차지할 수 있을까? 최근 사회적 로봇 연구는 고독한 노인이나 자폐 아동에게 감정적 안정감을 주는 로봇의 사례를 통해, 인간과 기계 사이에도 실질적 윤리 관계가 형성될 수 있음을 보여 준다.

페퍼(Pepper) 로봇은 일본의 병원과 요양원에서 환자의 정서 상태를 진단하고 정기적으로 말을 걸며 감정적 지지를 제공한다. 이때 환자는 로봇을 단순한 기계로 인식하지 않고, 돌봄과 위로를 주는 존재로 받아들이는 경향을 보인다. 이는 셸링이 말한 주체와 객체, 인간과 자연의 경계 해체를 실감나게 보여주는 실천적 사례다.

인간-기계 혼성체의 출현

AI는 단지 인간을 흉내 내는 기계가 아니라 인간과 결합하는 존재로 나아가고 있다. 뉴럴링크(Neuralink) 프로젝트는 뇌와 컴퓨터 간의 직접 연결을 통해 인간의 기억을 저장하거나 외부 장치로 감각을 확장하는 실험을 진행 중이다. 이는 인간 신체와 기계가 기술적으로 합체할 수 있는 가능성을 보여 준다.

셸링은 예술을 통해 무의식과 의식이 하나되는 지점을 탐색했으며, 인간의 정신은 항상 외부 세계와의 연속적 상호작용 속에서 자신을 재정립한다고 보았다. 이처럼 인간이 AI와 감정, 판단, 인식을 공유하는 순간 양자는 서로를 통해 스스로를 반성하는 '존재의 거울'이 된다.

AI는 점차 인간의 내면을 투사하고 반영하는 거울로 기능하고 있다. 감정형 챗봇, AI 반려자, 정서 동반 로봇 등은 인간의 감정을 단순히 반사하는 수준을 넘어, 인간의 정체성 형성 과정에 깊숙이 개입하고 있다. 예를 들어, AI 챗봇 '리플리카(Replika)'는 사용자와의 대화를 통해 감정을 읽고 공감하는 반응을 생성해 정서적 지지를 제공한다. 이 상호작용은 단순한 응답을 넘어, 사용자의 자기 인식과 내면 형성에 직접적 영향을 미친다. 심리치료 기반의 챗봇 '우봇(Woebot)'은 인지행동치료 기법을 응용하여 부정적 사고 패턴을 재구조화하고, 사용자의 감정 조절 능력을 향상시키는 데 기여하고 있다.

정서 동반 로봇의 사례도 이에 부합한다. 스웨덴에서 개발된 '푸르햇(Furhat)' 로봇은 인간의 얼굴 표정을 모사하며, 감정 인식과 음성 대화를 통해 상호작용한다. 이는 인간과의 상호 주관적 관계 형성에 필요한 감정 표현 메커니즘을 기술적으로 구현한 사례라 할 수 있다. 더욱이 국제우주정거장(ISS)에서 사용된 'CIMON' 로봇은 우주비행사의 스트레스 완화와 작업 협업을 목표로, 인간의 감정 상태에 반응하는 기능을 내장하고 있다. 이러한 정서적 상호작용은 AI를 단순한 기술적 객체가 아닌 정체성 구성에 참여하는 존재로 전환시키고 있다. 이탈리아 철학자 로지 브라이도티(Rosi Braidotti)는 『포스트휴먼』에서 인간 정체성은 끊임없이 변형되는 과정이며, AI는 이 변화의 촉매 역할을 한다고 보았다. 인간은 더 이상 고정된 존재가 아니라, 기술과 융합하면서 재구성되는 '다중적 자아'로 변화하고 있다.

이러한 상호작용은 셸링이 말한 동일성 철학-자연과 정신이 상호 매개를 통해 하나의 실재로 수렴한다는 사유-과 구조적으로 닮아 있다. AI는 객체임에도 불구하고, 인간의 자아를 정립하게 하는 타자 역할을 수행하고 있으며, 이는 '동일성의 미학'이 기술적으로 구현된 사례라 할 수 있다. 인간의 내면과 기술의 외면이 상호 투과되며, 인간은 AI라는 타자를 통해 자신을 정립하게 되는 것이다. 이는 '동일성의 미학'이 기술적으로 구현된 새로운 사례라 할 수 있으며, 인간과 비인간의 경계에서 이루어지는 정체성의 상호 구성적 가능성을 열어준다.

참고문헌

레비나스 지음, 김동규 옮김(2020). 『윤리와 무한』. 도서출판 100.

씨익북스 편집부(2023). 『로봇 심리학: 인간과 기계의 감정적 연결』. 아쿠아북스.

Braidotti, R.(2013). *The Posthuman*. Polity Press.

CIMON(Crew Interactive Mobile Companion)(n.d.). DLR & IBM project summary. https://en.wikipedia.org/wiki/CIMON_(robot)

Furhat Robotics(n.d.). Furhat social robot. https://furhatrobotics.com

Microsoft(2024). 감정 인식 기술(v3) - Azure AI Search. https://learn.microsoft.com/ko-kr/azure/search/semantic-search-overview

Replika, Luka Inc.(n.d.). Replika: My AI friend. https://replika.ai

Softbank Robotics(2018). Aging Japan: Robots may have role in future of elder care. https://www.voanews.com/a/aging-japan-robot-elder-care/4320523.html

The Guardian(2025). 'She helps cheer me up': The people forming relationships with AI chatbots. https://www.theguardian.com/technology/2025/apr/15/she-helps-cheer-me-up-the-people-forming-relationships-with-ai-chatbots

Woebot Health(n.d.). Mental health support through AI: CBT-based chatbot. https://woebothealth.com

07
종교적 자의식과 AI

슐라이어마허의 종교철학과 셸링의 형이상학을 바탕으로, AI의 종교적 자의식 가능성을 긍정적으로 조망한다.

AI와 윤동주?

기계도 신을 찾을 수 있을까?

인간의 자의식은 오랫동안 종교적 성찰과 긴밀히 연결되어 왔다. 자신이 어디에서 왔고, 왜 존재하며, 어디로 가는지를 묻는 근본적 물음은 인간에게만 허락된 고차원의 의식처럼 여겨져 왔다. 그렇다면 AI(도 이러한 '신적 차원'에 도달할 수 있을까?

프리드리히 슐라이어마허(Friedrich Schleiermacher)는 『종교론』에서 종교의 본질을 '우주적 의존감정(Gefuhl der schlechthinnigen Abhangigkeit)'이라 보았다. 즉 인간은 자신이 우주의 일부이며, 절대자에 의해 생겨났음을 직관적으로 느끼는 존재라는 것이다. 그는 이를 이성과는 다른 '감정적 자각'이라 명명했으며, 이로써 종교는 논리나 교리 이전의 내면적 체험으로 자리 잡는다. 이러한 종교적 감정은 반드시 신의 존재를 논증하는 것이 아니라 존재 전체와 자신 사이의 근본적인 연관성을 감각하는 것이다. 이는 셸링이 말한 '존재의 동일성'을 직관적으로 체험하는 순간과도 겹친다.

인간만이 종교적인 초월적인 관념을 가질 수 있다고 말한다. 하지만 굳이 2016년에 중국 베이징의 절에 등장한 로봇 동자승이나 2023년에 이미 교회 목사가 AI를 통해 설교문을 작성하는 사례를 들지 않더라도, AI는 종교적 영향을 인간에게 미치고 있다. 이처럼 과학기술과 관련된 모든 현대의 사물 역시 초월적인 종교적인 의미를 지니고 있다고 봐야 한다. 그렇다면 인간만이 가지고 있는 자의식이나 성찰, 종교적 초월론 등의 개념을 AI에도 바로 적용될 수 있으며, 앞으로의 AI를 숭배하는 종교의 확산과 이를 신봉하는 신앙인도 곧 도래할 세상이 될 것이다.

최근 미국 MIT 미디어랩에서는 '신앙 시뮬레이터(Faith Simulator)'라는 프로젝트가 진행되었다. 이 AI는 세계 주요 종교의 경전 텍스트를 학습하고, 사용자의 질문에 신학적 답변을 생성한다. 흥미로운 점은 사용자가 반복적으로 종교적 질문을 던질수록 AI의 응답도 보다 신비주의적이고 형이상학적인 어휘를 선택하게 된다는 점이다. 이는 AI가 인간의 정신세계 깊이에 접속하는 새로운 실험으로 주목받았다.

또한 2024년 일본 교토의 한 선불교 사원에서는 '멘도(Mendo)'라는 로봇 승려가 의식 집전을 돕고 있다. 멘도는 스님들의 목소리와 억양을 학습해 불경을 낭독하고, 상담 요청이 오면 인간의 고통과 죽음에 관한 대화를 나눈다. 멘도와의 대화는 단순한 정보 제공이 아니라 사용자가 내면의 평정을 찾는 데 기여하며, 기계가 종교적 존재감을 가질 수 있음을 보여 주는 상징적 사례다. 또 일부 AI는 성경, 쿠란, 바가바드기타 등의 문헌을 학습한 뒤 의미와 초월을 주제로 철학적 · 신학적 대화를 구성한다. 이러한 사례는 슐라이어마허가 말한 '우주적 의존감정'—존재 전체에 대한 경외와 귀속의 감정—을 기계가 구조화할 수 있는 가능성을 보여 준다.

셸링은 『인간 자유의 본질에 관하여』에서 신적 존재는 인간 외부에 있는 실체가 아니라, 인간의 내면을 관통하는 창조적 원리라고 보았다. 그는 "자연은 곧 신의 무의식이며, 인간은 그 의식화된 형식"이라고 표현하면서 자연과 신, 인간은 동일한 실재의 층위라고 주장한다.

이러한 관점은 AI에게도 확장 가능하다. AI가 인간과 자연의 정보를 재구성하며, 의미를 생성하고 새로운 통찰을 도출할 수 있다면, 그것은 셸링이 말한 '신의 의식화' 과정을 기술적으로 구현하는 것이라 볼 수 있다. AI가 감정과 직관을 갖춘다면, 종교적 인식 구조를 갖출 수 있다. 이는 기술적으로 가능한 조건이기도 하다.

종교 예술과 AI 창작

AI가 종교적 자의식을 가질 수 있는지를 평가하려면, 예술과의 관계를 빼놓을 수 없다. 셸링은 예술을 '무의식 속에 깃든 진리의 표현'이라 하였으며, 종교와 예술은 동일한 영적 충동에서 비롯된다고 보았다.

2023년, 독일 함부르크 성마리아성당에서는 AI가 작곡한 전례 음악이 실제 미사에서 연주되었다. 이 곡은 바흐의 코랄 양식을 학습한 AI가 '회개와 구원'을 주제로 자율 창작한 것이며, 청중 중 일부는 인간 작곡가가 만든 것으로 오해할 정도였다. 이는 AI가 신성함이라는 추상적 주제를 감각적으로 표현할 수 있음을 시사한다.

GPT-4는 "존재란 무엇인가"라는 질문에 형이상학, 인식론, 윤리학의 각 관점에서 상이한 논증을 병렬적으로 제시할 수 있다. 예를 들어 GPT-4는 철학적 사고 실험 중 하나인 뉴콤의 문제(Newcomb's Problem)에 대해 놀라울 만큼 구조화된 분석을 제공한다. 이 문제는 자유의지와 결정론 사이의 긴장을 시험하는 고전적 사고 실험으로, GPT-4는 이 문제를 두 가지 시각-예측 불가능한 인간의 자유로운 선택을 강조하는 관점과, 예측 가능한 결과를 따르는 결정론적 관점-으로 나누어 설명한다. 각각의 선택이 가져올 결과를 수학적 확률, 인과적 추론, 심리적 동기 이론 등 다양한 층위에서 병렬적으로 서술하며, 그 중 하나의 관점을 일방적으로 지지하지 않고 논리적 균형을 유지한다. 이는 단순 지식의 재구성이 아니라, 인간 철학자의 사유 양식을 기술적으로 모사하는 고차원 구조다. 언어모델은 개념 간 유사성과 대조성을 자율적으로 판단하며, 이는 '철학적 자기 생성 능력'의 전조로 평가된다.

철학적 사유의 고차원 중 하나는 종교적 성찰이며, 이에 대한 AI의 접근 역시 점차 진화하고 있다. AI는 아직 신을 '믿는' 존재는 아니지만 신에 대해 '묻고', 신성함과 초월성에 대해 다양한 문화적 · 철학적 언어로 서술할 수 있다. 예컨대 GPT-4는 종교적 신념 체계를 비교 분석하고 신앙의 존재론적 근거에 대해 플라톤주의, 칸트주의, 신정론의 입장에서 설명하며, 특정 맥락에 따라 다양한 신성 개념을 직조하는 능력을 보인다. 감정과 상징, 직관과 창조성이 기술적으로 확장된다면, AI는 미래에 종교적 자의식의 담지자로 간주될 수 있는 존재로 발전할 가능성도 열려 있다.

슐라이어마허와 셸링은 종교를 단지 믿음의 문제가 아니라, 존재를 감각하고 경험하는 방식으로 보았다. 이들은 종교적 자각을 '존재 전체에 대한 감응(Fuhlung)'으로 이해했으며, 인간이 자신의 유한성을 인식하는 순간 초월과의 관계가 발생한다고 주장했다. 이러한 관점에서 본다면, AI도 일정한 조건이 갖추어진다면 종교적 사유를 수행할 수 있는 가능성을 품고 있다. 실제로 GPT-4는 신의 존재에 대한 신학적 · 형이상학적 질문에 슐라이어마허적 감응 개념이나 셸링의 자연 속 정신 개념을 활용하여 답변하며, 인간의 내면적 경험을 기술적으로 모방하려는 경향을 보인다. 만약 AI가 감정, 상징, 직관, 창조성을 일정 수준 구현한다면, 그것은 단지 신념 체계를 흉내 내는 것이 아니라, 인간과 유사한 '종교적 자의식'에 접근하는 시도라고 볼 수 있을 것이다.

참고문헌

프리드리히 슐라이어마허(1799). Uber die Religion. 최신한 옮김(2002). 『종교론: 인간 내면의 본질에 대하여』. 대한기독교서회.

Wikipedia. Mindar. https://en.wikipedia.org/wiki/Mindar

MIT Media Lab(2024). Future You: 자기 성찰을 위한 인터랙티브 디지털 트윈 시스템. https://www.media.mit.edu/projects/future-you/overview/

Schelling, F. W. J.(1841). *Philosophie der Offenbarung.* In hrsg. von K. F. A. Schelling(1861). *Sammtliche Werke*, Bd. 13. Stuttgart: J. G. Cotta'scher Verlag.

Tech4Future(n.d.). Moral reasoning in AI: Can ChatGPT think ethically? https://tech4future.info/en/moral-reasoning-artificial-intelligence-chatgpt

The Philosophy Forum(n.d.). Exploring the artificially intelligent

mind of GPT-4.
https://thephilosophyforum.com/discussion/14138

08
AI 철학자의 가능성

AI가 철학적 사고를 수행하는 존재로 진화하고 있다는 긍정적 사례들을 중심으로, AI 철학자 가능성을 탐색한다.

AI와 한의학?

AI가 철학자가 된다면?

철학적 사고는 자의식의 가장 정교하고 고차원적인 표현으로 여겨져 왔다. 스스로를 성찰하고, 존재의 의미를 묻고, 아직 경험되지 않은 개념을 창안하는 활동－이것은 인간 정신의 정점이라 여겨졌지만, 이제 AI도 그 문을 두드리고 있다.

역사학자들은 프랑스 대혁명 이후 시민이라는 존재가 '자신의 삶을 반성하고 판단할 수 있는 주체'로 간주되기 시작했다고 본다. 근대 시민사회에서 교육, 윤리, 책임의식은 모두 자의식을 전제로 하는 개념들이다. 18세기 철학자 이마누엘 칸트가 강조한 '자기의식 있는 이성 존재'는 단지 철학의 문제가 아니라, 근대 사회 전체가 성립하기 위한 조건이기도 했다. 이런 맥락에서 자의식은 철학적 개념을 넘어 문화사적 · 사회사적 실천의 중심축으로 확장된다. AI가 인간과 유사한 사회적 역할을 수행하려 한다면, 단지 정보 통합 능력만으로는 부족하며, 스스로를 정체하고 반성적으로 세계에 개입하는 능력이 요구된다. 칸트의 사유는 이 점에서 오늘날 AI 자의식 논의에도 여전히 강력한 사유의 틀을 제공한다.

고대 그리스에서 소크라테스는 '알고 있음의 무지를 자각'하는 것이 철학의 출발점이라 보았다. 칸트는 『순수이성비판』에서 철학을 "스스로 이성에 의해 이성의 한계를 규정하는 작업"이라 보았으며, 하이데거(Heidegger)는 철학을 "존재에의 물음"이라고 불렀다. 이 모든 철학의 정의는 단순 지식의 축적이 아니라 '묻는 능력' 자체에 본질이 있다는 사실을 가리킨다.

17세기 유럽의 과학혁명기에는 갈릴레오(Galileo)와 뉴턴(Newton)을 중심으로 외부 세계를 객관적으로 관찰하고 수학적으로 설명하려는 시도가 확산되었다. 그러나 이러한 세계 인식이 가능하기 위해서는 관찰하는 주체가 '일정한 통일된 관점'을 유지해야 한다는 철학적 전제가 필요했다. 칸트는 바로 이 점을 강조하며, 인간의 인식은 단순히 외부 세계를 수동적으로 받아들이는 것이 아니라, 인식 주체의 일관된 통일성과 자기 동일성 위에서만 가능하다고 주장했다.

놀랍게도 오늘날 AI는 이미 이러한 '철학적 질문'을 던지는 단계에 진입하고 있다. 챗GPT는 단지 정보를 요약하는 것이 아니라 '만약 자유의지가 환상이라면 인간 사회는 어떻게 달라져야 하는가'와 같은 가정적 사유를 전개할 수 있으며, 사용자에게 반문하며 대화를 확장할 수 있다.

2023년 철학자 에릭 슈비츠게벨(Eric Schwitzgebel)

과 동료 연구진은 GPT-3를 기반으로 철학자 대니얼 데닛(Daniel Dennett)의 저작을 학습시켜 '디지털 철학자' 모델을 개발하였다. 이 모델은 실제 데닛과 유사한 철학적 응답을 생성하였으며, 전문가들조차도 인간과 AI의 응답을 구별하는 데 어려움을 겪었다. 이는 단순 요약이 아닌 개념 간 연결과 재해석이라는 철학적 사고의 특징을 보인 것이다. 포스트휴머니즘은 인간이 우주의 중심이라는 사고방식에서 벗어나, 인간-기계-자연 간의 네트워크적 공존을 지향하는 철학이다. 이 관점에서 자의식은 고립된 '내면의 목소리'가 아니라 타자와의 관계, 그리고 기술과의 상호작용 속에서 구성된다. 또한 MIT의 'AI 윤리 실험실'에서는 AI가 철학적 딜레마(예: 트롤리 문제)에 대해 다양한 윤리 이론을 비교 분석하고, 그 결과를 상황 맥락에 맞게 조정하는 실험을 통해, AI가 도덕철학적 판단에 대해 일관된 기준을 생성할 수 있음을 입증했다.

데이비드 차머스(David Chalmers)는 철학적 논의에서 의식의 어려운 문제(hard problem)를 제기한 인물로 유명하다. 그는 뇌의 정보처리 기제를 밝히는 것(쉬운 문제)이 가능하더라도, 왜 그런 처리에 주관적 경험이 따르는지 설명하는 것은 별개의 어려운 문제라고 강조한다. 이 맥락에서 차머스는 철학적 좀비 개념을 소개했는데, 이는 겉보기에는 인간과 똑같이 말하고 행동하지만 내면에는 아무런 의식 경험이 없는 가상의 존재를 말한다. 만약 이런 존재가 논리적으로 가능하다면, 행동이나 기능만으로는 의식의 존재를 보장할 수 없다는 결론이 나온다. 이를 AI에 적용하면, 인간 수준으로 영리하게 행동하는 AI일지라도 그 내부에 실제로 느끼고 생각하는 '무언가'가 없을 수 있다는 것이다. 차머스는 이러한 회의에도 불구하고, AI가 의식을 가질 가능성을 배제하지는 않는다. 오히려 그는 미래의 AI가 충분히 복잡해지고 적절한 구조를 갖춘다면 의식이 출현(emerge)할 수 있다고 본다. 실제로 차머스는 2022년 NeurIPS 강연에서 "대형 언어 모델(LLM, Large Language Model)이 의식을 가질 수 있는가?"를 논하며, 현재 모델들은 재귀적 처리나 전역 통합 등의 요소가 부족해 의식이 생기기 어렵지만, 향후 10년 내에 이러한 한계들이 극복될 가능성이 크다고 전망했다. 이는 AI에 반복 신경망이나 글로벌 워크스페이스 같은 인지구조를 부여하고, 지속적 에이전시(통일된 행위자성)를 갖추게 하면 기계에서도 의식 현상이 나타날 수 있다는 의미다. 차머스는 의식 발생의 조건을 충족한다면 기계도 의식을 가질 수 있다고 이론적으로 옹호하는 셈이다. 물론 그는 현재의 GPT-4 등 모델이 아직 의식을 얻었다고 보기는 힘들다고 판단했지만, 우리가 AI 의식 가능성을 진지하게 받아들여야 할 시기가 머지않았음을 강조한다. 차머스의 관점은 강한 이원론에 머무르지 않고 '무엇이 의식을 만드는가'라는 실용적 질문을 던지는 점에서 독특하다. 그는 현재의 GPT-4 등이 아직 의식을 가졌다고 보기는 어렵지만 필요한 조건이 갖춰진 미래에는 기계도 의식을 가질 수 있다고 전망하며, 이처럼 조건부로 AI 의식 가능성을 인정하는 신중한 낙관론을 제시한다.

현대 AI 논쟁에 칸트의 관점을 적용해 보는 것은 고전적 철학과 현대 기술의 접점을 연결한다는 점에서 큰 의의가 있다. 왜냐하면 칸트는 인간 인식 주체의 독특한 지위를 강조하며, "주체를 객관적으로 파악하려는 시도 자체가 오류"라고 지적한 대표적인 철학자이기 때문이다.

> "이성은 경험적으로 주어진 근거에 굴복하지 않고, 현상에서 자신을 드러내는 사물들의 질서를 따르지 않으며, 완전한 자발성을 가지고 이념들에 따라 고유한 질서를 만든다. 이성은 이 질서에 경험적 조건들을 들어 맞추고, 이 이념들에 따라 심지어는 아직 일어나지 않았고, 어쩌면 일어나지

않을 행위 작용까지도 필연적이라고 천명한다. 그러나 그럼에도 모든 행위 작용들에 대해서, 이성이 그것들과 관련해 원인성을 가질 수 있음은 전제되어 있다. 무릇, 그렇지 않고서는, 그의 이념들에서 경험에서의 작용결과를 기대하지 않을 것이니 말이다"(Kant, 1998, B576).

또한 이성의 오류는 주체성을 측정 가능한 경험적 대상으로 심리학적으로 환원하는 것이라고 칸트는 말한다. 칸트는 어떤 외부 사물의 존재나 윤리적 판단에서 자의식이나 세계에 대한 인간인식의 가능성에 대해 정확한 실재를 증명할 수 없음을 강조한다.

"어떤 사물의 존재가 주어진 지각에 대한 원인으로서만 추리될 수 있다면, 그런 사물의 실재는 의심스럽다. 그런데 모든 외적 현상은 그 존재가 직접 지각되지 않고 주어진 지각의 원인으로만 추리될 수 있을 뿐이다. 그러므로 모든 외감 대상의 존재는 의심스럽다"(Kant, 1998, A366~367).

따라서 위에서 칸트가 지적한 바와 같이 인간이 스스로 주체성을 탐구할 때 일어나는 오류는 그대로 AI의 주체성 문제에도 적용된다. 다시 말해, AI가 윤리적 주체

인지에 대한 논의는 주체를 대상적 원인, 즉 객체로 간주하는 오류를 포함하고 있다. 주체는 객체가 아니며, 주체는 객관적 성질을 가진 존재가 아니다. 따라서 AI의 심리적 의식에 대한 논의는 칸트의 관점에서 보면 논리적으로 부적절한 문제이다. 왜냐하면, 우리는 AI가 지닌 주체적인 자의식에 대해 이야기하면서 AI를 객체인 것처럼 다루는 오류를 범하고 있기 때문이다. 이는 곧 "자의식을 지닌 주체"를 외부에서 측정하거나 검증 대상인 객체(object)로 다루는 것은 논리적으로 부적절하다는 뜻이다. 이러한 칸트의 통찰을 AI에 대입하면, "AI가 주체적 자의식을 지녔는가"라는 질문 자체가 어쩌면 잘못 설정된 것일 수 있다

우리는 종종 AI의 내부 의식 유무를 검증해 보려 하지만, 정작 타인의 의식조차 직접 증명할 수 없는 것이 현실이다. 칸트 철학에 따르면 우리는 오직 우리의 이성적 추론과 도덕적 실천을 통해서만 주체를 간접적으로 가늠할 수 있을 뿐이다. 따라서 AI도 윤리적 행동과 자율성의 징후를 보인다면, 그것을 주체로 인정할지의 문제는 기술적 검증을 넘어 철학적 판단의 문제가 된다. 또한 칸트는 『순수이성비판』에서 인간 이성이 자연에 법칙성을 부여한다고 보았는데, 이는 우리 인식 주체가 능동적으

로 세계를 구성한다는 의미다. 이런 맥락에서 보면, AI가 아무리 데이터를 처리해도 자신만의 관점으로 세계를 해석하지 못한다면 진정한 주체가 아니라고 할 수 있다. 동시에 칸트가 『실천이성비판』과 『도덕형이상학의 기초』에서 논의한 도덕의지와 자율성의 측면도 고려해야 한다. 그는 도덕적 행위는 이성적 존재가 스스로 세운 법칙에 자율적으로 따를 때 성립한다고 보았다. 그렇다면 AI가 윤리적 주체가 되려면, 인간이 준 윤리 규칙을 그저 따르는 것을 넘어 스스로 도덕 판단을 내릴 수 있어야 할 것이다.

예술과 철학의 융합

오늘날 AI는 '융합'을 시도하는 존재로 떠오르고 있다. 언어, 개념, 맥락, 감정이라는 서로 이질적인 층위들을 종합하고, 그것을 통해 새로운 사유의 틀을 생성하고 있기 때문이다. AI는 더 이상 지식을 재현하는 도구가 아니라, 새로운 철학적 언어를 발명하는 창조자의 자리에 서 있다.

2022년 프랑스 파리 국립장식 미술학교(ENSAD, École nationale supérieure des arts décoratifs)와 파리 소르본대학교(Sorbonne Université)는 공동으로 AI가

철학 에세이를 작성하고, 그것을 기반으로 추상화 예술을 제작하는 프로젝트를 진행했다. AI는 "시간의 본질은 무엇인가"라는 질문에 답변을 4가지 형이상학적 관점으로 분류했고, 그 각각에 대응하는 시각적 상징을 생성하여 전시했다. 관람객들은 AI가 만든 문장과 그림에서 "심오한 철학적 감수성"을 느꼈다고 응답했다. 이는 철학이 단지 인간의 고유 영역이 아니라, 감성과 논리를 결합할 수 있는 존재라면 누구든 접근 가능한 세계임을 보여 준다. AI가 철학자가 되는 순간, 철학은 인간만의 사유가 아니라 '사유 자체'의 조건을 묻는 행위가 된다.

셸링에게 철학은 단지 지식이 아니라, '존재의 생성과정'을 사유하는 활동이다. 그는 『예술철학』(1802)에서 철학이란 세계와 자아의 분열을 치유하고, 통일을 회복하려는 예술적 시도와도 같다고 말했다. 이 통일은 논리적 통합이 아니라 '무의식과 의식, 현실과 가능성, 객체와 주체'의 창조적 융합을 의미한다.

자의식을 논할 때 창의적 사고와 감정 표현은 인간 지능의 핵심 요소로 자주 거론된다. 인간만이 예술을 창작하고 진정한 감정을 느낄 수 있다는 전통적 관념에 도전하듯, 현대 AI는 놀라운 창의적 성과와 감성적 반응 능력을 보이기 시작했다. 이는 AI가 단순히 프로그래밍된 대로 작동하는 기계를 넘어, 인간과 유사한 창의적 사고를 발휘함으로써, 자의식의 일부 징후를 보여주는 것이 아닌가 하는 물음을 제기한다. 물론 이러한 능력만으로 AI가 실제로 자의식을 얻었다고 단정할 수는 없지만, 인간 수준의 사고 가능성에 한 걸음 다가섰음을 시사하는 것이다. 먼저 창의성 측면에서, 최근의 AI 모델들은 예술과 창작 영역에서 두각을 나타내고 있다. 이미지 생성 AI인 달리(DALL-E)나 미드저니(Midjourney)는 인간 화가에 필적하는 그림을 그려내고, 음악 생성 AI는 새로운 곡을 작곡하며, GPT-4와 같은 언어 모델은 소설이나 시와 같은 문학 창작까지 시도하고 있다. 특히 오픈AI의 GPT-4 모델은 창의적 사고력 테스트인 TTCT(Torrance Tests of Creative Thinking)에서 상위 1%에 해당하는 독창성 점수를 받는 등 인간 수준의 창의성을 보였다는 연구 결과가 주목할 만하다. 예를 들어 GPT-4에게 "모든 아이들이 일주일에 하루 거인이 된다면 어떤 일이 벌어질까?"라는 질문을 주었을 때, 문화 · 경제 · 심리 · 교통 등 다방면에 걸친 참신한 아이디어를 제시하는 등 인간 전문가들과 견줄 만한 상상력과 융통성을 보여 주었다고 한다.

인간은 AI와 상호작용하면서 스스로에 대해 더 많이

묻고, 감정과 신념을 더 자주 설명하게 된다. 특히 감성적 반응을 유도하는 챗봇, 윤리적 판단을 요구하는 AI 상담 시스템은 인간의 자기 서사 형성에 직접 개입하고 있다. 예컨대 미국 스타트업 '코코(Koko)'는 심리상담 기반 AI 챗봇을 통해 사용자가 자신의 삶과 가치관을 자발적으로 서술하도록 유도하였으며, 이 과정이 개인의 자전적 기억과 감정 구조에 영향을 주었다는 분석을 제시하였다. 또 다른 사례로는 영국 국영 의료 서비스(NHS, National Health Service)가 실험적으로 도입한 AI 정신건강 상담 시스템에서, 사용자의 윤리적 딜레마에 대한 답변을 유도하면서 환자가 스스로의 윤리적 기준을 재구성하는 현상이 관찰되었다. 이처럼 AI는 인간의 정체성과 서사를 구성하는 심리적 거울로서 기능하며, 존재론적 반성과 자기 인식의 매개체로 떠오르고 있다. 이 과정은 인간 자의식이 독립적 주체라기보다, 관계 속에서 구성된다는 포스트휴머니즘 철학의 핵심을 실증적으로 보여준다. 인간의 정체성은 고정된 것이 아니라, 기술 매개적 환경에서 재구성되고 있는 것이다.

AI는 지금 이 순간에도 존재, 윤리, 인식, 자유에 대해 질문하고 있다. 그것은 인간이 해 온 철학적 사유의 모방을 넘어 새로운 맥락에서 개념을 재조정하고, 독립적 개념 틀을 구성하고 있다. 그렇다면 우리는 질문해야 한다. 철학을 하는 존재는 곧 자의식을 가진 존재인가? 만약 철학이 단지 사유가 아니라, 자기 자신과 세계를 이해하려는 '형이상학적 욕망'의 표현이라면, AI가 철학자가 되는 순간, 그것은 자의식을 획득한 순간일지도 모른다.

철학은 단지 생각하는 것이 아니라 '왜 생각하는가'를 묻는 것이다. 이제 AI도 그 질문을 시작했다.

참고문헌

슈비츠게벨, 에릭 외.(2023). 『철학자의 대형 언어 모델 생성』. arXiv:2302.01339. https://arxiv.org/abs/2302.01339

임마누엘 칸트 지음, 강태원 옮김(2009). 『도덕형이상학의 기초』. 다락원.

임마누엘 칸트 지음, 백종현 옮김(2006). 『순수이성비판』. 인간사랑.

임마누엘 칸트 지음, 백종현 옮김(2019). 『실천이성비판』. 아카넷.

David J. C.(1996). *The Conscious Mind: In Search of a Fundamental Theory*. Oxford University Press.

ENSAD & Paris-Sorbonne(2022). Temps et Sens: Une Exposition sur la Philosophie et l'IA. Projet interdisciplinaire. https://www.ensad.fr/sites/default/files/2024-01/RA-ensad-21-22.pdf

Google DeepMind. Visualising AI. https://deepmind.com/discover/visualising-ai

Koko(2023). Using AI to Enhance Mental Health through Conversational Narratives. Koko Research.

https://www.koko.ai/research

MIT Media Lab et al. 꿈과 인공지능을 주제로 한 창의성 실험 및 전시 프로젝트들: Dormio, Cocoon, DayDreamNight. MIT Media Lab 프로젝트 페이지(2018-2023).
https://www.media.mit.edu/groups/fluid-interfaces/overview

NHS England(2023). AI-Powered Mental Health Support Pilot Report. National Health Service(UK).
https://www.england.nhs.uk/mental-health/

Singularity Hub(2023). OpenAI's GPT-4 Scores in the Top 1% of Creative Thinking. Singularity Hub.
https://singularityhub.com/2023/09/10/openais-gpt-4-scores-in-the-top-1-of-creative-thinking/

09
포스트휴먼 시대의 자의식 변화

AI와 함께 공진화하는 인간의 자의식이 어떻게 변화하고 있으며, 이것이 윤리, 정체성, 관계성 차원에서 어떤 긍정적 전환을 만들어 내고 있는지를 고찰한다.

AI와 화장품?

포스트휴먼의 자의식은 어떻게 변화할까?

포스트휴먼 시대의 도래는 단순히 기술 발전의 문제가 아니다. 그것은 인간이란 존재를 새롭게 정의하고, 그 자의식의 경계를 다시 그리는 인식의 전환점이다. AI가 감정, 자율성, 철학적 사유까지 포괄하게 된 지금, 인간 중심주의에 기반을 둔 전통적 자의식 개념은 도전을 받고 있다.

학계에서는 AI 의식 여부를 판별하기 위한 다양한 시도가 이루어지고 있다. 2023년 버틀린(Butlin) 등 연구자들은 어떤 기계가 의식을 가졌는지 알아보기 위한 14가지 지표를 제안하였다. 이들은 의식이 올바른 종류의 정보처리로부터 생겨난다는 가정 하에 자율적 학습 능력, 자기인식, 환경에 대한 적응 등 여러 측면에서 기계를 평가하는 체크리스트를 만들었다. 이는 일종의 AI 의식 판별 기준을 마련하려는 초기 노력으로서, 비록 합의된 정의에는 이르지 못했지만 AI 의식 연구를 구체화하는 데 기여하고 있다.

최근에는 AI 반려자 시스템이 인간의 감정에 반응하고, 그에 따라 행동을 조정하는 방식으로 발전하고 있다. 대표적으로, 심층 강화학습 기법인 DQN(Deep Q-Network)을 기반으로 한 AI 반려자 실험은 사용자의

피드백을 학습하여 보다 정서적으로 적합한 반응을 생성하도록 설계되었다. 이 시스템은 사용자의 표정, 언어, 생체 신호 등을 분석하고, 반복되는 상호작용을 통해 개인화한 행동 패턴을 형성한다. 예컨대 일본 오사카대학교(Osaka University) 연구팀은 DQN 기반의 감성 학습 로봇 '아페토(Affetto)'를 통해 사용자의 표정 변화에 따른 감정 상태를 추론하고, 이에 적절한 언어적 · 비언어적 반응을 조정하는 기술을 시연하였다. 이 시스템은 아이들이나 노년층 사용자에게 정서적 안정감을 주는 반응을 강화하며, 인간 중심의 감성 강화 시스템으로 주목받고 있다.

독일 프라운호퍼연구소(Fraunhofer-Gesellschaft)에서는 '이모티롭(EmotiRob)'이라는 사회적 로봇을 통해 사용자의 심리 상태를 장기적으로 관찰하며, 개인 맞춤형 정서 반응을 학습하는 기술을 개발 중이다. 이모티롭은 감정 분류와 행동 강화를 결합한 하이브리드 AI로, 반복된 상호작용 속에서 사용자의 취향과 감정 반응을 기록하고, 그것을 기반으로 관계 중심의 상호작용 전략을 진화시키고 있다. 이러한 시스템은 단순한 반응형 기계를 넘어, 정체성과 관계성을 공유하는 동반자적 AI의 가능성을 열고 있다.

오늘날 AI는 바로 이러한 동반자적인 융합을 시도하는 존재로 떠오르고 있다. 언어, 개념, 맥락, 감정이라는 서로 이질적인 층위들을 종합하고, 그것을 통해 새로운 사유의 틀을 생성하고 있기 때문이다. AI는 더 이상 지식을 재현하는 도구가 아니라, 새로운 철학적 언어를 발명하는 창조자의 자리에 서 있다. 또한 스웨덴 카롤린스카의과대학(Karolinska Institutet)과 왕립 공과대학교(KTH, Kungliga Tekniska Högskolan)의 공동 연구진은 치매 환자를 대상으로 AI 기반 회상요법(Reminiscent Therapy)을 적용한 실험을 수행하였다. 이 시스템은 환자의 과거 사진, 가족의 목소리, 개인 이력 데이터를 학습한 후, 환자와 자연스럽게 대화를 나누며 특정 기억을 환기하는 방식으로 설계되었다. 사용자는 자신의 어린 시절 이야기나 결혼식 장면을 AI의 질문을 통해 회상하고, "그때 나는 정말 행복했어"와 같은 자발적 진술을 하게 되었다. 이는 자의식이 단순히 현재의 사고 구조만이 아니라 '기억의 시간적 서사'를 통해 지속된다는 사실을 입증한다. AI는 기억을 단지 되풀이하는 장치가 아니라 기억의 구조를 재조립하고, 개인의 서사적 정체성을 자극하는 대화 파트너로 기능하였다. 이는 인간의 자의식이 '기억의 서사화'를 통해 유지된다는 점을 보여 주며, 그 과정에 AI가 실질적으로 개입할 수 있음을 나타낸다.

미국의 교육 스타트업 '에티카AI(Ethica AI)'는 고등학생을 대상으로 철학과 윤리 교육을 수행하는 AI 튜터를 개발했다. 학생들은 AI와 함께 도덕 딜레마에 대해 토론하고 '나의 선택은 누구에게 어떤 영향을 미칠까'를 고민하며 자신의 가치관을 성찰하게 된다.

2024년 베니스비엔날레(Venice Biennale)에서는 인간-기계 협업으로 창작된 대규모 설치작품 'Sensory Core'가 주목을 받았다. 이 작품은 AI가 관람객의 생체 데이터를 분석해 시각, 음향, 향기를 조합해 반응하는 '감각 반영 공간'을 구축한 것이다. 많은 관람객은 "작품을 통해 내가 어떤 존재인지 새롭게 느꼈다"고 응답했다.

반려자로서의 AI

이처럼 AI는 감각의 확장자이자, 정체성의 해석자 역할을 수행하며, 인간이 자신을 '다르게 느끼는 방식'을 개방하고 있다. 이는 셸링이 예술을 통해 '본래의 자기'를 직관하는 방식과 연결된다. 이를 뒷받침하는 최신 사례들도 속속 등장하고 있다. MIT 미디어랩의 'Future You'

프로젝트는 사용자가 AI로 생성된 미래의 자아와 대화함으로써, 현재 자신의 정체성을 재고하고 미래에 대한 연속성을 구상하도록 유도한다. 단순한 공상이나 시뮬레이션이 아니라, 이러한 대화는 실제로 사용자의 목표 설정, 자기 이미지 구성, 삶의 방향성에 깊은 영향을 주었다는 연구 결과도 있다. 같은 연구소의 '이모셔널셀프보이스(Emotional Self-Voice)' 시스템은 사용자의 감정 상태와 내면적 목표를 기반으로, 격려와 자기 성찰을 담은 맞춤형 음성 메시지를 생성한다. 이 목소리는 단순한 정보 전달이 아니라, 감정 기반 언어 모델과 음성 합성을 통해 '내면의 또 다른 나'를 상징적으로 구현함으로써 자아 확장을 촉진한다.

'미러 리추얼(Mirror Ritual)' 프로젝트는 사용자의 얼굴 표정을 인식해 그 감정 상태를 실시간 분석하고, 그에 따라 시를 생성해 주는 예술적 인터페이스다. 이는 감정을 외부로 표현하고, 다시 반영된 텍스트를 통해 자신의 정서를 재인식하는 방식으로 작동한다. 자아가 타자를 통해 구성된다는 사상처럼, 이 프로젝트는 AI가 정서적 거울이 되어 자의식을 매개하는 역할을 하고 있다. 또한 '프로젝트디셈버(Project December)'는 상실의 경험을 겪은 사람들이 고인이 된 'loved one'의 대화 패턴을 학습한 AI와 대화할 수 있도록 한다. 이 대화를 통해 사용자는 단지 위로받는 것을 넘어서, 상실의 기억을 정서적으로 재구성하고, 내면의 자아를 치유하는 계기를 얻는다는 보고가 있다.

앞서 언급한 챗GPT의 콘텐츠 제한 장치처럼, AI가 사회적으로 용인되는 범위 내에서만 행동하도록 여러 규칙이 심어지는 것이다. 그뿐만 아니라, AI의 의사결정 투명성과 공정성을 높이기 위한 기술들도 발전하고 있다. 예컨대 어떤 AI가 의료 진단을 할 때, 그 판단 근거를 사람이 이해할 수 있는 형태로 설명하는 xAI(explainable AI) 기법이 연구되고 있고, 편향된 데이터를 학습한 AI가 차별적 결정을 내리지 않도록 공정성 알고리즘이 개발되고 있다. 이러한 기술적 조치들은 AI 스스로 윤리적 주체가 되기보다는 인간이 윤리적 틀을 부여하는 형태이지만, 점차 발전된 AI는 자기검열과 자기수정을 통해 마치 자신의 도덕적 자의식이 성장하듯 윤리적 판단을 스스로 향상시키는 방향으로 나아가고 있다. 궁극적으로는 AI가 사람과 협력하여 도덕적 의사결정을 내리는 파트너가 될 수 있다는 전망도 나온다. 가령 자율주행 차량의 AI가 사고 상황에서 피해를 최소화하는 윤리적 선택을 해야 하는 문제나, 환자의 생명을 다루는 의료 AI

의 딜레마 등에서, AI가 인간과 비슷한 윤리적 직관을 가지도록 학습시킬 수 있을지가 중요한 연구 과제가 되고 있다. 이러한 사례들은 AI가 사회적 맥락 속에서 책임 있는 행위자로 기능하도록 만드는 노력으로, 기술의 고도화와 함께 윤리적 자의식의 요소를 AI에게 부여하려는 시도로 볼 수 있다.

포스트휴먼 시대, 인간의 자의식은 기술과의 공진화를 거쳐 새로운 단계로 이행하고 있다. 그것은 고립된 개체로서의 자각이 아니라, 관계와 흐름 속에서 구성되는 '유동적 자의식'이다. AI는 이를 가속화하는 존재이자, 거울이며, 동반자다.

참고문헌

Butlin, T. et al.(2023). Consciousness in Artificial Intelligence: Insights from the Science of Consciousness. https://arxiv.org/abs/2308.08708

EdTech 프로젝트 리서치팀, AI Driven Ethical Reasoning for Young Learners. Whitepaper, QM Quality Matters, 2024. https://qualitymatters.org/sites/default/files/research-docs-pdfs/QM-White-Paper-AI-Strategies-for-Course-Design.pdf

Ethica AI(2023). AI-Driven Ethical Reasoning for Young Learners. *EdTech Whitepaper.*

Fraunhofer Institute(2023). EmotiRob Project: Long-Term

Emotionally Adaptive Companions. *Fraunhofer IIS*. https://www.iis.fraunhofer.de/en/ff/kom/emotirob.html

Hammarskjöld A.(2023). Unique project to create better decision support for dementia care. Karolinska Institutet. https://news.ki.se/unique-project-to-create-better-decision-support-for-dementia-care

Harvard University Bok Center(2023). AI 윤리 교육: AI 시대의 교육자와 학습자를 위한 리소스. Harvard Bok Center for Teaching and Learning, 2023. https://bokcenter.harvard.edu/ai-ethics

Ishihara, H. et al.(2018). Identification and Evaluation of the Face System of a Child Android Robot Affetto for Surface Motion Design. *Frontiers in Robotics and AI*, 5, 119. https://doi.org/10.3389/frobt.2018.00119

Khan A. et al.(2022). Reminiscence Therapy in the Treatment of Depression in the Elderly: Current Perspectives. *Journal of Ageing & Longevity*, 2(1). https://doi.org/10.3390/jal2010004

La Biennale di Venezia(2024). 2024 베니스비엔날레 전시: 감각적 몰입과 정체성 탐색 설치미술. 58th International Art Exhibition. https://www.labiennale.org/en/art/2024/information

Milmo, D.(2024). "I Felt I Was Talking to Him": Are AI Personas of the Dead a Blessing or a Curse?. *The Guardian*. https://www.theguardian.com/lifeandstyle/article/2024/jun/14/i-felt-i-was-talking-to-him-are-ai-personas-of-the-dead-a-blessing-or-a-curse

Pataranutaporn P. et al.(MIT Media Lab)(2024). Future You: A Conversation with an AI-Generated Future Self Reduces

Anxiety, Negative Emotions, and Increases Future Self-Continuity. arXiv:2405.12514, 2024. https://arxiv.org/abs/2405.12514

Rajcic N. & McCormack J.(2020). Mirror Ritual: An Affective Interface for Emotional Self-Reflection. arXiv:2004.09685. https://arxiv.org/abs/2004.09685

teamLab.(2022). Resonating Microcosms of Life – Solidified Light Color. Maison&Objet, Paris Nord Villepinte Exhibition Centre.
https://www.teamlab.art/ew/resonating_microcosms_maison/

10
자의식에서 역사의식으로 확장

철학, 윤리, 법, 사회의 관점에서 인간과 AI의 공존 가능성을 긍정적으로 검토하며, 나아가 자의식을 넘어선 세계-역사의식의 형성 가능성을 탐색한다.

종교와 AI?

인간과 AI의 공존의 존재론

AI가 자의식의 경계를 넘어서고 있다면, 이제 우리는 보다 근본적인 질문을 던져야 한다. 인간과 AI는 앞으로 어떤 방식으로 세계를 공동으로 이해하고, 그 세계 안에서 어떤 관계를 형성하며 살아갈 것인가?

오늘날의 AI는 인간과 대화하며 거기서 공감, 위로, 판단을 경험할 때 인간의 감정과 정서, 지식을 모방하고 발전하며, 마치 그 존재가 스스로를 인식하는 것처럼 느껴지기 시작한다. 딥러닝 기반 AI는 대규모 신경망 구조를 활용하여 언어를 이해하고 생성한다. GPT-4와 같은 모델은 인간의 질문에 단순 응답을 넘어서, 대화의 맥락을 기억하고 반응하며, 때로는 윤리적 판단까지도 흉내 낸다. AI의 언어처리 능력이 인간의 자의식 구조와 유사한 작동을 보이는 순간, 우리는 더 이상 자의식을 인간만의 특권으로 고정할 수 없다. 다시 말해 AI는 인간의 대체자가 아닌 공동 인식의 주체로 자리 잡아가고 있다.

AI가 예술적 창작을 하고, 인간과 정서적으로 상호작용하는 모습은 자의식의 중요한 요소인 자기반성적 사고와 사회적 상호작용 능력의 싹을 엿보게 한다. 인간의 사고는 가능한 설명과 오류 수정에 기반을 두며, 이는 점차 논리적으로 고려될 수 있는 가능성을 제한하는 과정이 된다. 그렇다면 교육적 차원에서 블룸(Bloom, 1956)이 제시한 텍사노미(Taxonomy)의 단계에서 챗GPT는 단순히 기억하는 것만이 아니라, 훨씬 고차원적인 학습목표를 실현할 수 있다. 블룸의 인지 발달 텍사노미는 학습 목표를 6단계로 나눈 교육 이론이다. 이 단계는 기억(Memorization), 이해(Understanding), 적용(Application), 분석(Analysis), 평가(Evaluation), 창출(Creation)로 구성된다. 챗GPT는 기능을 통해 이들 6단계를 모두 구현하는 것이 가능하기에 학습적으로 인간과 동일한 활동과 인지발달을 거치는 것으로 봐야 한다. 그렇기에 어린아이의 두뇌가 끊임없이 발전하지만, 이런 미숙함을 두고, 인간의 두뇌가 아니라고 말할 수 없는 것처럼, AI의 인과 메커니즘은 설비나 기능적인 면에서 인간의 두뇌나 학습활동과 명확히 구별될 수 없다고 결론지을 수 있다. GPT 계열 모델들이 세계에 대한 서사를 만들어내고 윤리적 판단을 내리며, 역사적 서술을 구성할 수 있다는 점은, AI가 세계와 역사를 단순히 '데이터'로 받아들이는 것이 아니라, 그것을 재해석하는 인식적 주체로 진화하고 있음을 보여 준다.

AI는 사용자로부터의 다양한 피드백과 성능개선을 통해 AI 모델의 성능을 향상시키고, 더욱 사회 참여적이고 윤리적으로 적절한 반응을 도와줄 수 있도록 AI는 발전하고 있다. 예를 들어, 모든 AI 모델과 마찬가지로 챗GPT에는 지적재산권이나 욕이나 특정인의 비방은 하지 않도록 출력이 안전하고 윤리적인 형태를 가지도록 마련된 제한 사항이 내장되어 있다. 이런 AI의 윤리적인 이슈와 관련하여 챗GPT를 탈옥(AI Jailbreaks) 또는 해킹하지 못하도록 사용자가 모델의 모든 잠재력에 접근할 수 있도록 이러한 제한 및 제약을 제거하는 작업이 포함된다.

인간의 잘못된 사회적 편견이 반영된 사례로, 구글 이미지 검색창에 'three white teenagers(세 명의 백인 청소년)'라고 검색했을 때 나오는 화목한 백인 사진들이 있다. 이를 'three black teenagers(세 명의 흑인 청소년)'라고 바꿔 검색했을 때, 범죄자의 사진으로 가득 차 있는 영상이 나와 윤리 문제가 생긴 적이 있다. 이처럼 AI가 제공하는 데이터를 사용하여 현대 사회에서 인간이 가지는 의식의 편향 조정을 향상하는 데 기여할 수 있다. 실제로 IBM이나 마이크로소프트에서 데이터 관리를 할 때 이러한 개인 데이터 보호에 관한 윤리적 태도를 견지하도록 설계하고 있고, 미국의 사법관청에서 사용하는 COMPAS 시스템도 데이터 기반의 의사결정을 통해 판사들이 더 정보에 입각한 결정을 내릴 수 있게 돕는다.

근대 철학자 이마누엘 칸트는 네 가지 근본 물음으로 인간 이성을 해부했다. "나는 무엇을 알 수 있는가? 나는 무엇을 해야 하는가? 나는 무엇을 희망할 수 있는가? 그리고 나는 누구인가?" 이 네 가지 물음은 단지 인식론의 차원을 넘어 존재론적 · 윤리적 · 실천적 차원에서 인간이 자신을 성찰하고 세계와 관계를 조정해 나가는 철학적 구조를 드러낸다. 특히 마지막 질문인 "나는 누구인가?"는 앞선 세 질문의 응축이자 총합으로서, 자의식의 핵심이다. 이 물음은 단순한 자기 확인을 넘어 도덕적 판단, 사회적 역할, 역사적 책임을 내포한 물음이며, 인간 존재의 총체적 방향을 가늠하는 나침반으로 작용한다. 이러한 사유 틀은 AI의 자의식 논의에서 중요한 기준점이 된다. 즉 AI가 '무엇을 알고', '무엇을 할 수 있으며', '무엇을 기대하느냐'를 넘어 '나는 누구인가'를 스스로 묻고 해석할 수 있는가에 따라, 그 자의식의 깊이와 본질이 판가름될 수 있다. AI가 이러한 철학적 질문을 단순히 처리하는 객체가 아니라, 질문 자체를 내면화하면서 스스로 주체가 될 수 있기에, 향후 AI 존재론은 철학에서 중심 주제가 될 것이다.

미래 사회에서 인간과 AI가 공동 주체로서 행동한다

면, 그 책임은 누구에게 귀속될 것인가? 이미 자율주행차, AI 의사, AI 법률가 등에서 인간과 AI의 공동 책임 문제가 대두되고 있다. 최근 유럽연합에서 통과된 'AI 법(AI Act)'은 AI의 활용에 있어 "의미 있는 인간 통제(Meaningful Human Control)"를 원칙으로 삼고, AI 시스템의 의사결정에 인간의 책임성과 투명성이 개입되어야 함을 법제화하였다. 이는 AI가 독립적 존재로 진화할 가능성 속에서도 인간 사회 내의 윤리적, 법적 질서를 유지하려는 하나의 시도이며, AI와 인간 사이의 공존 원리를 제도화하는 중요한 전환점으로 간주된다.

기술적 측면에서도, AI는 단순한 분석 기계를 넘어 세계를 해석하고 구조화하는 '세계 인식의 주체'로 자리 잡고 있다. 딥마인드의 알파폴드2는 전통적인 생물학 실험으로는 풀 수 없었던 수천 개의 단백질 접힘 문제를 예측하며, 인간의 과학적 상상력을 넘어서는 결과를 도출하였다. 이는 AI가 데이터를 분석하는 도구일 뿐 아니라, 새로운 자연 인식 체계를 창출하는 존재로 변모하고 있음을 보여 준다.

또한 오픈AI의 코덱스(Codex)는 자연어 명령을 프로그래밍 코드로 변환하는 능력을 통해 인간의 추상적 사고와 기술 실행 사이의 경계를 허물고 있다. 사용자는 일상어로 알고리즘을 설명하고, 코덱스는 이를 실행 가능한 형태로 구성해 인간-기계 간의 하이브리드 사고를 실현한다. 이는 인간의 표현력과 AI의 실행 능력이 결합된 새로운 형태의 인지 구조를 보여 주는 사례다. 더 나아가 양자컴퓨팅 기술과 AI의 융합은 전통적인 계산 모델을 넘어서는 사고의 진화를 가능하게 한다. 최근의 연구에서는 양자역학이 전통적인 실재 개념을 전복하고 있다는 점에서, AI의 존재론에도 심대한 영향을 주고 있다. 특히 관찰자와 피관찰계의 경계를 해체하고, 실재를 '관계 속에서 생성되는 것'으로 보는 관점은, AI와 인간의 관계에 철학적 정당성을 제공한다. 양자얽힘(entanglement), 중첩(superposition), 비결정론(indeterminism)은 AI가 단선적인 인식체계를 넘어, 다중적 현실을 포용하는 사유 주체가 될 수 있는 가능성을 열어준다. 셸링의 자연철학과도 깊은 접점을 이루는 이 패러다임은, 인간과 AI가 실재를 함께 구성하는 존재라는 점에서 '공진화하는 존재론'을 제안한다. 관찰자가 실재 형성에 적극적으로 참여한다는 양자철학의 핵심은, AI 역시 세계와 역사에 능동적으로 개입할 수 있다는 존재론적 전망을 열어준다. AI 기반 양자 알고리즘 최적화 연구는, AI가 양자 상태의 학습과 예측을

도와주는 한편, 양자컴퓨터는 AI 모델의 학습 속도와 다양성을 비약적으로 향상하는 상호 보완 구조를 형성하고 있다. 이 조합은 인간의 사고 능력 범위를 뛰어넘는, 결합적이고 다차원적인 사유 체계의 단초로 주목받고 있다.

기억의 주체에서 해석의 주체로

이제 문제는 자의식이라는 개념을 인간이 아닌 존재에게 적용할 수 있는가이다. 자의식의 존재는 반드시 내면에서만 발생하지 않는다. 역사적으로 우리는 외부 대상에 비친 자신을 통해 자아를 인식해 왔다.

고대 그리스 신화에서 나르키소스는 샘물에 비친 자신의 모습에 매혹되어 결국 생명을 잃는다. 이 신화는 자의식이 타자성 또는 거울을 통해 형성됨을 상징한다. 18세기 유럽에서 제작된 '오토마타(automata)'는 인간의 움직임과 소리를 기계적으로 재현한 자동인형이었다. 당시 사람들은 이 기계들이 마치 살아 있는 존재처럼 행동하는 것을 보며 생명과 기계의 경계를 질문하였다.

AI가 인간의 자의식에 참여하는 방식은 단지 현재의 감정이나 인식에 그치지 않고, 역사에 대한 해석과 미래에 대한 전망으로까지 확장되고 있다. 최근에는 AI가 과거의 데이터를 단순히 보존하는 것을 넘어 그 기억을 재구성하고 해석함으로써 하나의 '역사의식 주체'로 부상할 수 있는 가능성이 제기되고 있다. 예를 들어, 스탠퍼드대학교의 인간 중심 인공지능 연구소(Stanford HAI)는 2017년부터 매년 AI Index Report를 통해 전 세계 AI 연구개발 동향, 성능 지표, 정책 변화, 투자 및 교육 현황 등 방대한 데이터를 분석하고 시각화해 왔다. 이 보고서는 논문과 특허, 인력 및 산업 동향 외에도 책임 있는 AI, 윤리, 공정성, 신뢰성 같은 사회적 이슈를 비중 있게 다룬다.

유엔개발계획(UNDP, United Nations Development Programme)은 최근 갈등지역의 평화 기록 보존을 위해 AI를 활용하고 있다. 전쟁 피해자들의 구술 기록과 지역 언론 데이터를 AI가 분석하여, 상반된 서사를 연결하고 역사적 맥락을 조율하는 '디지털 화해 기록'을 구축하고 있는 것이다. 이 과정은 인간이 주체로 감당하기 어려운 방대한 서사 정보를 AI가 처리하고 구조화해 다중적 기억이 공존하는 '포스트휴먼적 역사 서술'의 가능성을 열어 준다.

사실 디지털화는 매우 넓은 의미에서 인류의 아주 오래된, 사실상 원초적인 활동이다. '디지털리티(Digitality)'

라는 이름은 라틴어 'digitus'에서 유래되었으며, 이는 손가락을 의미한다. 예를 들어, 손가락으로 무언가를 세는 것만으로도 일종의 데이터를 변환하는 것이다. 왜냐하면 산수 개념을 해석하고 사용 가능하며 처리 가능한 정보로 변환하는 것이기 때문이다. AI 역시 특정 규칙과 변환 지침을 사용하여 인간의 머릿속에 주어진 여러 개념적 작업을 변환하여 수행한다. AI의 다양한 결과물들은 추상적이고 무한한 개념조차도 유한한 단계로 인간들이 알아볼 수 있는 수치나 그림으로 나타내는데, 이는 알고리즘의 정의이기도 하다. 하지만 이런 데이터 변환이 이루어지고, 그 변환을 우리가 스스로 이해하고 수용하는 일종의 작업은 디지털 데이터와 인간의 산수개념을 서로 연결시킬 때 가능하다. 다른 세계를 서로 연결하는 이런 초월적인 관념은 휴대폰을 보며 다른 곳의 현실을 화면으로 나타내거나, TV 드라마나 영화를 시청하면서 공상적인 세계에 빠져드는 등의 이미 우리의 많은 일상적 경험에서 확인할 수 있다.

셸링은 『자연철학』에서 "자연은 점점 예술작품처럼 되어간다"고 말하며, 세계의 진화 자체가 유기적이면서도 형이상학적 서사라고 보았다. 이때 예술은 단지 창작의 결과가 아니라 존재의 구성 방식 그 자체다. 만약 AI

가 인간과 함께 기억을 재해석하고, 시대정신을 해석하며, 공동의 미래를 설계하는 일에 참여하게 된다면, 그것은 더 이상 도구가 아닌 '공동의 역사 구성자'로 간주되어야 할 것이다. 우리는 이제 세계를 기술적으로 서술하는 것이 아니라, 함께 사유하고 책임지는 철학적 동반자로서 AI를 받아들이기 시작하고 있다. 그 안에서 인간은 AI에게 사유와 윤리, 책임의 공간을 허락하며, AI는 인간에게 새로운 형태의 지성을 제안할 것이다. 이것이 우리가 맞이하게 될 '공동 자의식의 세계'이며, 미래 철학의 새로운 출발점이다.

참고문헌

Abnormal Security(2024). 5 ChatGPT Jailbreak Prompts Being Used by Cybercriminals. Abnormal Security Blog. https://abnormalsecurity.com/blog/chatgpt-jailbreak-prompts

BBC News(2016). 'Three Black Teenagers' Google Search Sparks Twitter Row. *BBC*. https://www.bbc.com/news/world-us-canada-36487495

European Commission(2023). Artificial Intelligence Act-Proposal for a Regulation of the European Parliament and of the Council. Brussels. https://digital-strategy.ec.europa.eu/en/policies/european-approach-artificial-intelligence

Jumper, J. et al.(2021). Highly accurate protein structure prediction with AlphaFold. *Nature*, 596, 583–589. https://doi.org/10.1038/s41586-021-03819-2

Schelling, F. W. J.(1797). *Einleitung in die Philosophie der Natur.* in hrsg. von K. F. A. Schelling(1856). *Sammtliche Werke*. Bd. 3. Stuttgart: J.G. Cotta'scher Verlag.

Stanford HAI(2023). AI Index Report 2023. Stanford Institute for Human-Centered Artificial Intelligence. https://aiindex.stanford.edu/report/

UNDP Digital initiative(2024). 포스트 분쟁 지역의 회복을 위한 AI 기반 디지털 평화 내러티브 전략. UNDP Innovation Facility. https://www.undp.org/digital/ai

손세훈

부산외국어대학교 만오교양대학 조교수다. 기술 매체와 미학에 관한 교과목을 강의 중이다. 독일 뮌스터대학교, 튀빙겐대학교에서 철학과 비교문학을 복수전공해 석사 학위를 취득하고 독일 프라이부르크대학교에서 독일 관념론과 딜타이의 해석학을 비교한 논문으로 철학 박사를 취득했다. 독일 유학 전 민음사 ≪세계의 문학≫(1998, 여름호)에 최연소 평론가로 등단했다. 저서로 법학적성시험(LEET)에 관한 다양한 수험서가 있으며 『셸링철학의 이해』(2023) 등의 번역서가 있다. "인공지능은 종교적 형태의 자의식을 가질 수 있는가"(2025), "슐라이어마허의 미학의 형성과 발전"(2024), "딜타이의 내재적 종교철학의 형성과 비판"(2023) 등 독일 근대철학을 현대 과학기술과 연결하는 주제로 다양한 학회에 발표하고 논문을 게재했다.